사도 전통 교리학

끌림 神學叢書 002
사도 전통 교리학

2025년 07월 01일 초판 1쇄

지은이　황한호
펴낸이　김영태
펴낸곳　도서출판 끌림
책임편집　김한결

출판등록　제2022-000036호
주소　대전광역시 서구 대덕대로 325, 스타게이트빌딩 471호
전화　0502-0001-0159
팩스　0503-8379-0159
전자우편　kkeullimpub@gmail.com

공급처　한국출판협동조합
전화　02-716-5616
팩스　02-716-2999

ISBN 979-11-93305-19-5 (03230)

값 13,000원

ⓒ황한호 2025

* 이 책은 저작권법에 따라 한국 내에서 보호를 받는 저작물이므로 무단 전재와 복제를 금합니다.
* 잘못 만들어진 책은 구입하신 곳에서 바꾸어 드립니다.

끌림 神學叢書 002

사도 전통 교리학

끌림

머리말

"왜 사도 전통인가?"
"왜 사도 전통으로 성서를 해석하고 교리를 재정립해야 하는가?"
이 질문에 대한 답은 폴 틸리히(Paul Tillich)의 통찰에서 찾을 수 있습니다. 틸리히에 따르면, 종교개혁 전통을 계승한 개신교는 태생적으로 교파 분열의 가능성을 내포하고 있습니다. 그 이유는 "오직 성서(Sola Scriptura)"을 강조하는 과정에서, 성서 해석의 도구로서 작용했던 '전통'이 상실되었기 때문입니다. 그러나 엄밀히 따지자면, 개신교는 루터와 칼뱅 등의 가르침에 지나치게 집중한 나머지, 그들의 해석이 곧 '성서 해석의 기준'이 되어버렸습니다. 그 결과, 개신교는 심각한 교파 분열을 겪게 되었습니다.
물론 교파 간 선의의 경쟁은 긍정적인 측면도 있습니다. 하지만 교파 분열은 동시에 많은 아픔을 동반합니다. 그러므로 우리는 가능하다면 그 분열을 극복해야 합니다.
저는 그 방안으로 "사도 전통에 따라 교리를 재구성하는 작업이 필요하다"고 제언(提言)합니다.
사도 전통의 특징은 사도행전 15장, 이른바 제1차 예루살렘 공의회에 잘 나타나 있습니다. 이 회의는 다음 세 가지 특징을 가집니다.
첫째, 제기된 문제에 대해 서로 토론하고 다양한 의견을 나누되, 성령의 나타나심에 주목했습니다.
둘째, 선지자들의 글을 해석의 기준으로 삼았습니다.
셋째, 예수의 가르침과 그 정신에서 해법을 찾고, 결국 합의에 도달했습니다.

그 결과로 채택된 방식은 "요긴한 것 외에는 요구하지 않는다"는 '부정의 길(via negativa)'이었습니다. 은혜로 구원받는다는 사실을 확인한 후, 그 외의 모든 것은 허용하는 관용의 길을 택한 것입니다.

사도 전통을 가장 잘 사용한 교부는 이레니우스(Irenaeus)입니다. 그의 저서 《이단 반박(Against Heresies)》의 핵심 근거는 사도 전통이었습니다. 그는 영지주의 이단을 반박하면서, 사도 전통에 기초한 해석을 통해 진리를 지켜냈습니다. 저는 그의 방식이 오늘날 교파 분열을 치유할 수 있는 최상의 길이라고 확신합니다.

사도 전통 교리학은 현대의 다양한 신학적·교리적 관점을 배척하려는 것이 아니라, 오히려 그것들을 사도 전통으로 수렴하려는 목적을 가지고 있습니다. 또한 교리 논쟁을 최소화하면서, 단순하고 본질적인 사도들의 증언을 회복(Restoration)하려는 시도이기도 합니다.

이 글은 월간 《한길》에 연재했던 내용을 수정·보완한 것입니다. 이 글이 나오기까지, 우리 아버지 하나님의 은혜 안에서 돈암 가족들의 깊은 사랑과 헌신에 진심으로 감사드립니다.

또한 매일 새벽마다 부르짖어 기도해 주시는 어머니 강태석 권사, 늦깎이 신학대학원생이 된 후 남편의 신학 지식이 널리 사용되지 못함을 안타까워하면서도 가장 강력한 지지자가 되어준 아내 최경옥 전도사, 이제는 장성하여 자기 자리를 든든히 지키며 의지가 되어주는 큰 아들 황진식 집사, 목회자의 길을 걸으며 누구보다 깊은 관심으로 아버지의 글을 탐독해 주는 작은아들 황권식 전도사에게도 깊이 감사드립니다.

무엇보다도, 교정을 맡아 이 글의 첫 독자가 되어주신 이선희 권사께 특별히 감사드리며, 출판을 맡아주신 도서출판 끌림의 김한결 목사께도 진심으로 감사의 마음을 전합니다.

2025년 7월, 목양실에서

황 한 호 목사

차례

제1장 사도 전통으로 재구성한 교리학 ― 011
    1. 들어가는 말
    2. 왜 사도 전통인가?
    3. 사도 전통으로 재구성한 교리의 특징
    4. 맺음말

제2장 사도 전통과 성서 ― 020
    1. 들어가는 말
    2. 성서론 논쟁의 쟁점들
    3. 사도 전통으로 본 성서
    4. 맺음말

제3장 아버지 하나님 ― 030
    1. 들어가는 말
    2. 신론의 쟁점들
    3. 사도 전통으로 본 신론
    4. 맺음말

제4장 기독론: 신인(神人)이신 예수 ― 039
    1. 들어가는 말
    2. 기독론의 쟁점들
    3. 사도 전통으로 본 기독론
    4. 맺음말

제5장 성령 하나님 ― 048
    1. 들어가는 말
    2. 성령론의 쟁점들
    3. 사도 전통으로 본 성령론
    4. 맺음말

제6장 **신앙론: 신앙과 행위의 관계** — **058**
   1. 들어가는 말
   2. 신앙론의 쟁점들
   3. 사도 전통으로 본 신앙론
   4. 맺음말

제7장 **교회론: 에클레시아 교회론** — **068**
   1. 들어가는 말
   2. 교회론의 쟁점들
   3. 사도 전통으로 본 교회론
   4. 맺음말

제8장 **인간론: 하나님의 자녀로서의 인간** — **078**
   1. 들어가는 말
   2. 인간론의 쟁점들
   3. 사도 전통으로 본 인간론 …
   4. 맺음말

제9장 **구원론(1): 구원이란 무엇인가** — **088**
   1. 들어가는 말
   2. 구원에 관한 쟁점들
   3. 구원이란 무엇인가?
   4. 맺음말

제10장 **구원론(2): 구원의 수단으로서의 믿음** — **098**
   1. 들어가는 말
   2. 구원의 수단에 대한 쟁점들
   3. 구원의 수단으로서의 믿음
   4. 맺음말

제11장 종말론: 예수 중심의 세계관 — 107
    1. 들어가는 말
    2. 종말론에 대한 쟁점들
    3. 사도 전통으로 본 종말론 …
    4. 맺음말

제12장 예배론: 예수를 재현하는 축제(祝祭) — 115
    1. 들어가는 말
    2. 예배론에 대한 쟁점들
    3. 사도 전통으로 본 예배론 …
    4. 맺음말

제13장 삼위일체론: "왜 하나님이 인간이 되셨나?" … — 124
    1. 들어가는 말
    2. 삼위일체론에 대한 쟁점들
    3. 사도 전통으로 본 삼위일체론 …
    4. 맺음말

제1장
사도 전통으로 재구성한 교리학

1. 들어가는 말

교리란, 기독교 신앙을 표현할 수 있는 체계적인 이론이다. 그런데 아이러니하게도 이렇게 중요한 교리에 의해서 교파가 나뉘었다. 더 심각한 것은 교리에 의해 분열된 교파들의 난립은 교회의 본질조차 훼손하는 현상까지 나타나고 있다는 점이다. 이러한 상황에서 교리를 사도 전통으로 재검토하는 작업은 매우 중요한 의미를 지닌다. 사도 전통으로 교리를 재구성하면 교파 분열을 치유하고 교회 일치를 향한 발걸음을 내디딜 수 있으며 더불어서 교회의 원형을 회복하는 중요한 계기를 마련할 수 있다.[01]

[01] 교회의 원형이란 주님께서 세우신 교회를 말하며, '그리스도인으로 구성된 그리스도의 교회로서의 카리스마 공동체'를 의미한다. 황한호, 《그리스도의 교회와 환원운동》(서울: 태광출판사, 2013), 28-29.

2. 왜 사도 전통인가?

사도 전통이 중요한 이유는 세 가지다.
첫째, 주님의 가르침을 가감(加減) 없이 간직하고 있다. 사도들의 특징은 주님의 가르침을 해석하거나 변개(變改)하지 않았다는 데 있다. 그래서 사도들의 가르침은 곧 주님의 말씀과 같다. 이것이 신약을 성서라고 부를 수 있는 가장 중요한 근거다.

둘째, 복음의 진수를 맛볼 수 있는 가장 좋은 도구다. 기독교는 2000년의 역사 안에서 크게 세 가지의 도전을 경험했는데, 그 도전은 그리스 철학과 근대 과학 그리고 현대의 종교다원주의02를 비롯한 종교학이다. 물론, 철학, 과학, 종교학은 부정적 측면만 있지는 않다. 그런데도 그것들의 도전은 기독교적 응전의 까다로움을 더했다. 초대교회들이 그리스 철학의 도전에 직면해 있었다면, 근대교회들은 과학의 도전에 직면해 있었고, 현대의 교회들은 종교다원주의의 도전에 직면해 있다. 기독교는 이러한 도전에 응전하면서 신학을 발전시키고 체계화시켰지만, 그 과정에서 복음이 화석화되어 유연성을 상실한 예도 비일비재하다. 이때 사도 전통은 복음의 본질을 회복하도록 도우며 교회의 본질을 재현하는 역할을 한다. 따라서 사도 전통으로 교리를 재구성할 때 복음의 진가를 회복할 수 있고 더 나아가서 교회 일치를 구현하여 지속적인 복음의 확장을 모색할 수 있게 될 것이다.

셋째, 교회 일치를 위한 가장 기초적인 방안이다. 사도 시대에 교파가 나눠지지 않은 이유가 무엇일까? 교회사가들에 의해 제1차 예루살렘 공의회라고 명명된 사도행전 15장의 기록을 살펴보면 사도들은 서로의 차이에 대하여 논쟁한 후 의견을 일치시켰다. 이것은 사도들이 주의 가르침을 해석하면서 성령의 임재를 중요한 근거로 삼았기 때문에 가능한 일이었다. 이러한 모습이 교회 일치를 구현할 수 있는 사도

---

02 종교다원주의는 모든 종교가 동등한 진리와 구원의 가능성을 지닌다고 보는 관점이다. 이는 특정 종교만이 유일한 진리를 지닌다는 배타주의와 달리, 다양한 종교가 각기 다른 방식으로 궁극적 실재(예: 하나님, 절대자)에 이를 수 있다고 주장한다. 대표적인 주창자인 존 힉(John Hick)은 모든 종교를 '신적 실재'에 대한 문화적 해석으로 보며, 구원은 특정 종교에 국한되지 않는다고 하였다. 그러나 기독교 내에서는 예수 그리스도의 유일성과 복음의 절대성을 약화시킨다는 이유로 비판을 받아 왔으며, 복음주의 진영은 이를 성서와 상충하는 이단적 사상으로 본다. - 편집자 주

전통의 유산이다. 부연하면, "본질에는 일치를, 비본질에는 자유를, 모든 것을 사랑"으로 묶어내며 복음의 본질에 집중하도록 하는 힘이 사도 전통의 유산이다.

3. 사도 전통으로 재구성한 교리의 특징

1) 예수 그리스도 중심으로

사도 전통의 특징은 예수 그리스도를 중심으로 성서 및 세계를 해석한다. 이 특징을 가장 잘 표현한 사람은 바울이다. 다메섹 도상에서 예수를 만나기 이전과 이후의 바울은 완전히 다른 사람이다. 그가 예수를 만나기 이전에 읽었던 성서와 율법은 그리스도인들을 핍박해야 하는 당위성을 제공했지만, 예수를 만나고 난 후에 읽은 성서는 예수가 메시아라는 증언들로 넘쳐났다. 바울뿐 아니라 모든 사도는 예수 그리스도를 중심으로 성서를 이해하고 세계를 해석했다. 그러므로 사도들의 관점에서 보면, 세계는 예수 그리스도를 중심으로 움직인다. 요한계시록은 사도들의 이러한 세계관을 증명해 준다.

사도들은 유대교의 전통적인 신론을 계승하면서도 하나님은 예수의 아버지 그리고 우리의 아버지라는 '아버지 하나님' 신론을 제시한다. 더 나아가서 예수를 하나님과 동등한 분으로 고백하였다.[03] 이것이 "한 본질, 세 위격"이라는 삼위일체론[04] 정식(定式)으로 발전하였다. 사도 요한은 이렇게 증언하고 있다.

[03] 이 부분은 뒤의 제3장 '아버지 하나님' 부분에서 상세히 다루겠다.

[04] 삼위일체론은 하나님이 본질상 한 분이시나, 성부, 성자, 성령 세 위격으로 존재하신다는 기독교의 핵심 교리이다. '삼위'는 세 인격을, '일체'는 하나의 본질을 의미한다. 이 교리는 성서에 기초하여 초대교회가 이단에 대응하며 확립한 것으로, 니케아 공의회(325년)와 칼케돈 공의회(451년)를 통해 정리되었다. -편집자 주

예수께서 이르시되 나를 붙들지 말라 내가 아직 아버지
께로 올라가지 아니하였노라 너는 내 형제들에게 가서
이르되 내가 내 아버지 곧 너희 아버지, 내 하나님 곧 너
희 하나님께로 올라간다 하라 하시니 (요 20:17)

구원론 역시 예수를 그리스도와 하나님으로 믿을 때
주어지는 선물임을 밝히고 있다. 이렇게 사도 전통
은 예수 그리스도를 중심으로 성서 해석을 시도하며
구원의 유일한 통로가 되는 예수 그리스도를 증언하
고 있다. 누가의 증언을 살펴보자.**05**

05 이 부분은 뒤의 제9장 '구원
론'에서 상세히 다루겠다.

다른 이로써는 구원을 받을 수 없나니 천하 사람 중에 구
원을 받을 만한 다른 이름을 우리에게 주신 일이 없음이
라 하였더라 (행 4:12)

이것은 유대교의 구원론에 익숙하던 당시의 유대인
들에게는 가히 혁명적인 메시지였다. 당연히 저항
이 만만치 않았다. 그런데도 사도들은 철저하게 예
수 그리스도를 중심으로 하는 구원론을 펼쳤다. 심
지어는 모든 지식의 핵심도 예수 그리스도임을 고백
하고 있다. 바울은 이렇게 고백했다.

하나님의 비밀인 그리스도를 깨닫게 하려 함이니 그 안
에는 지혜와 지식의 모든 보화가 감추어져 있느니라
(골 2:2b-3)

이렇듯, 사도들은 철저하게 예수 그리스도에게 초점

을 맞추었으며, 예수 그리스도를 통해 세계를 이해했고 성서를 해석했다. 이러한 사도 전통이 이레니우스06를 비롯하여 초대교회 교부들에게 계승되었다. 그러나 가톨릭에 의해 교황들의 가르침이 새로운 전통으로 추가되면서 사도 전통은 상당 부분 퇴색되었다. 이후에 종교개혁가들에 의해 교황 전통은 상당 부분 제거되었음에도 사도전통은 온전히 회복되지 못하고 있었다.07 따라서 사도 전통으로 교리를 재구성하는 작업은 교파 분열을 치유하고 교회의 원형을 회복하는 중요한 방안이 될 수 있을 것이다.

2) 교리와 윤리에 대한 통전적(通典的) 이해08

복음을 표현할 수 있는 가장 좋은 방법이 무엇일까? 복음은 그 자체로서 충분하고도 완전하지만, 그것을 표현하는 방법 혹은 전하는 방법은 일정한 형식을 갖춰야 한다. 이 형식이 교리와 윤리다. 복음은 교리로 설명되고 윤리로 표현된다. 사도들은 복음을 교리와 윤리라는 형식에 담았다. 이러한 사실은 야고보서를 통해서 그 정황이 드러났다.

> 어떤 사람은 말하기를 너는 믿음이 있고 나는 행함이 있으니 행함이 없는 네 믿음을 내게 보이라 나는 행함으로 내 믿음을 네게 보이리라 하리라 (약 2:18)

흔히 '신앙이 좋다'라는 말을 할 때, 그리스도인들의 내부적 표현으로는 건전한 교리적 고백을 의미하지만, 외부적으로는 윤리적 삶을 의미한다. 교회 내부

---

06 이레니우스(Irenaeus, 약 130-202년)는 초대교회 교부로서, 영지주의 이단에 맞서 정통 신앙을 수호한 인물이다. 그는 갈리아 리옹의 주교로 섬기며 《이단 반박》을 통해 성서의 통일성과 예수 그리스도를 통한 구속사, 그리고 교회의 사도적 신앙 전통을 강조하였다. 이레니우스는 '몸의 부활'과 '하나님의 형상' 개념을 통해 인간의 전인적 구원을 주장했으며, 예수를 '제2의 아담'으로 보아 인류 회복의 중심으로 설명하였다.
— 편집자주

07 황한호는 전통을 순수 사도 전통, 교부 전통, 그리고 교황 전통으로 분류하였다. 가톨릭은 이 세 전통을 모두 수용하고 있지만, 대부분의 개신교 교파는 순수 사도 전통과 교부 전통까지만 수용하였다. 그러나 그리스도의 교회는 사도 전통만을 수용하였다고 한다. Ibid., 38-39.

08 필자가 사용하는 "통전적"이라는 용어는 전체를 포괄하여 하나의 관점으로 이해한다는 의미이다.

와 외부에서 신앙을 평가하는 기준의 차이가 있다. 이 차이는 구원론에서 가장 명확하게 드러난다. 특히, 이신칭의(Justification by Faith) 사상이 강조되면서 교리가 구원의 정당성을 확장하는 동안 윤리는 행위 구원론[09]과 결부되어 구원론의 중심에서 벗어났다. 이것이 의미하는 바는 윤리적 삶에 대한 교회 내부의 제한적 평가다. 그러나 교회 외부의 사람들은 교리보다 윤리를 평가 기준으로 삼고 있다. 그러므로 교리와 윤리의 통전적 이해는 사도 전통으로 교리와 윤리의 관계를 재구성하도록 이끈다. 야고보서의 증언을 살펴보자.

> 영혼 없는 몸이 죽은 것 같이 행함이 없는 믿음은 죽은 것이니라 (약 2:26)

야고보서의 핵심은 믿음이다. 즉 행함이 주어(主語)가 아니라 믿음이 주어다. 이렇게 보면, 야고보서는 교리와 윤리의 통전적(通典的) 이해를 요청하고 있다. 믿음을 강조한 로마서 역시 12장에서 이렇게 증언하고 있다.

> 그러므로 형제들아 내가 하나님의 모든 자비하심으로 너희를 권하노니 너희 몸을 하나님이 기뻐하시는 거룩한 산 제물로 드리라 이는 너희가 드릴 영적 예배니라 너희는 이 세대를 본받지 말고 오직 마음을 새롭게 함으로 변화를 받아 하나님의 선하시고 기뻐하시고 온전하신 뜻이 무엇인지 분별하도록 하라 (롬 12:1-2)

---

[09] 행위 구원론은 사람이 선한 행위나 율법 준수를 통해 구원을 받을 수 있다고 주장하는 입장이다. 그러나 기독교의 정통 신앙은 이를 분명히 반대하며, 구원은 오직 은혜로, 오직 믿음으로 주어진다고 가르친다(갈 2:16). 다만 참된 믿음은 반드시 선한 행위로 열매를 맺어야 하며, 행위는 구원의 조건이 아니라 구원의 증거이다(약 2:17).
ㅡ편집자 주

교리와 윤리의 통전적 이해는 사도 전통의 특징이다. 부연하면 윤리는 교리의 표현 방법이고 교리는 윤리의 근거다. 윤리로 표현되지 않는 교리는 죽은 것이며 교리에 근거하지 않은 윤리는 그 자체로 특별한 신앙적 의미를 지니지 못한다. 사도 전통의 관점에서 보면 윤리로 표현되지 않는 교리는 도덕 폐기론10과 같고 교리에 근거하지 않는 윤리는 행위 구원론과 같다. 이때 주의할 점은 교리를 윤리로 표현하고자 할 때 완전무결한 윤리적 행동을 의미하지 않는다는 사실이다. 만약, 완전무결한 윤리적 행동으로 규정한다면 행위 구원론의 다른 이름에 불과하다. 왜냐하면 이신칭의를 간직한 신자(信者)라고 할지라도 인간은 여전히 불완전한 존재며 예수 그리스도의 보혈이 필요한 존재일 수밖에 없기 때문이다. 중세의 구원론 논쟁은 교리와 윤리를 이분법적으로 나누고 구원에 있어서 믿음과 선한 행위라는 이중적 구조로 나타났다. 이러한 흐름이 종교개혁에도 영향을 끼쳐서 구원론에 대한 이중적 구조를 거부함과 동시에 교리와 윤리를 더욱 철저하게 분리하여 교리적 구원만을 강조하게 된 원인이 되었다. 이것이 개신교의 구원론적 특징으로 귀결되었다.11 그러므로 교리와 윤리의 통전적 이해가 필요하며 이때 사도 전통으로 교리를 재구성하는 작업은 필요 불가결하다. 즉 교리와 윤리는 하나의 관점에서 다뤄야 할 주제들이며, 이분법적 구별을 지양하고 이 둘을 융합하여 하나의 관점으로 이해했던 사도 전통으로 이해되어야 한다.

10 도덕 폐기론은 도덕법이나 윤리 규범이 불필요하다고 보는 입장으로, 기독교 내에서는 율법 폐기론과 연결된다. "은혜로 구원받았기에 더 이상 도덕을 지킬 필요가 없다"는 극단적인 해석에서 비롯된 것으로, 이는 바울의 가르침(롬 3:28)을 잘못 이해한 결과이다. 그러나 성서는, 믿음으로 의롭게 된 자는 반드시 성령의 열매로 선한 삶을 살아야 한다고 분명히 말하고 있다(갈 5:22-23; 약 2:17). - 편집자 주

11 종교개혁자들의 구원론적 특징은 '오직 믿음으로 구원받는다'는 주장이 제기되면서, 구원에 있어 인간의 행위, 곧 윤리를 배제하려 했다는 데 있다. 다시 말해, 교리와 윤리 중에서 교리 중심의 구원론이 강조된 것이다. 물론 이 말은 구원이 인간의 공로나 행위로 얻어진다는 의미는 아니다. 다만 사도들에게 있어서는 교리와 윤리가 통전적으로 이해되었다는 점을 강조하고자 함이다. - 편집자 주

3) 삼위일체론[12]

사도들은 구약성서의 유일신 사상을 계승하면서도 예수를 하나님으로 고백했다. 그리고 성령 또한 하나님의 영으로 고백하면서 삼위의 존재론적 구별과 함께 본질적 일체성을 강조하는 독특한 신론을 소유하였다. 이것을 교리로 표현한 것이 삼위일체론이다.[13] 사도들의 가르침은 기본적으로 삼위일체론적이다. 이것이 성부 안에서 성자와 성령을 보며, 성자 안에서 성부와 성령을 보고, 성령 안에서 성부와 성자를 볼 수 있는 통찰력을 제공한다. 이러한 사실은 사도 요한에 의해 증언되었다.

> 나와 아버지는 하나이니라 하신대 (요 10:30)

> 만일 내가 내 아버지의 일을 행하지 아니하거든 나를 믿지 말려니와 내가 행하거든 나를 믿지 아니할지라도 그 일은 믿으라 그러면 너희가 아버지께서 내 안에 계시고 내가 아버지 안에 있음을 깨달아 알리라 하시니 (요 10:37-38)

삼위일체론적 접근은 매우 중요한 의미를 지닌다. 즉 구약성서의 유일신 사상을 계승하면서도 예수를 하나님으로 고백했던 사도들로서는 삼위일체론에 의해 성서에 대한 새로운 이해의 지평을 열게 되었다. 물론, 사도들이 삼위일체라는 말을 사용한 흔적은 없다. 단지, 사도들의 독특한 신론이 교부들에 의해 '삼위일체론'으로 정리되었을 뿐이다. 그러므로

---

[12] 이 부분은 뒤의 제13장에서 자세히 다루겠다.

[13] 종종 교리 용어인 '삼위일체'를 성서적인 표현으로 바꾸어 사용해야 한다는 주장이 제기되곤 한다. 그러나 '삼위일체'라는 용어는 사도 전통을 충실히 담지(擔持)하고 있기 때문에, 이를 다른 용어로 대체하려는 시도는 본질적으로 무의미하다고 본다.

삼위일체라는 용어 자체는 사도 전통에서 발견할 수 없지만, 그 용어가 의미하는 바는 사도 전통을 충분하게 담지(擔持)하고 있다.

4. 맺음말

사도 전통으로 교리학을 재구성해야 하는 이유는 주님의 가르침을 온전히 담아내는 복음의 본질을 회복함으로 교회 일치를 가능하게 하기 때문이다. 서로 다른 교리로 인하여 분열된 교파들을 하나로 묶을 수 있는 근원적 힘이 사도 전통에 있다.

사도 전통으로 재구성한 교리학은 첫째로 예수 그리스도 중심적이며, 둘째로 교리와 윤리의 통전적 이해를 통한 조화, 셋째로 삼위일체론적 특징을 지니고 있다.

제2장
사도 전통과 성서

1. 들어가는 말

사도 전통은 사도들에게서 건네받은 것을 의미한다. 교부들은 이단들과 논쟁을 하면서 사도 전통을 근거로 하여 정통교리를 확립했다. 교부들이 사도 전통을 중시한 이유는 이것이 주님으로부터 연유(緣由)되었음을 확신했기 때문이다. 사도 전통은 사도들의 자의적(恣意的) 해석은 지양하고 주님의 가르침을 온전히 담지하고 있다. 이런 의미에서 보면, 사도 전통으로 성서를 해석하고 신학의 방법으로 삼는 것은 매우 중요한 의미를 지닌다.

2. 성서론 논쟁의 쟁점들

성서론 논쟁의 큰 주제는 자유주의 신학[14]자들의 역사 비평적 성서 해석 방법과 근본주의[15] 신학자들의 성서무오설이다. 두 논쟁은 사도 전통과 어떤 관계가 있을까? 특별히 사도 전통의 관점에서 보면 두 논쟁은 정당할까? 이 질문에 대한 답을 찾기 위해 사도 전통과 성서를 좀 더 세밀하게 이해할 필요가 있다.

---

[14] 자유주의 신학은 18세기 계몽주의와 19세기 근대 사상의 영향을 받아 등장한 신학 사조로, 이성과 경험, 인간 중심의 접근을 통해 기독교를 재해석하려는 흐름이다. 대표적인 사상가는 슐라이에르마허로, 그는 종교를 "절대 의존의 감정"으로 정의하며, 신앙을 개인의 내면적 체험으로 보았다. - 편집자 주

[15] 근본주의는 20세기 초 미국에서 시작된 기독교 운동으로, 성서의 무오성과 문자적 해석, 전통 교리를 절대적으로 고수하려는 입장이다. 1910년대 《The Fundamentals》에서 유래한 이 운동은 성서의 영감, 예수의 동정녀 탄생, 대속, 부활, 재림 등을 핵심 진리로 강조했다. 이들은 자유주의 신학, 진화론, 비평적 성서 해석에 반대하며, 신앙의 절대성과 정통성을 최우선으로 여겼다. - 편집자 주

1) 역사 비평적 성서 해석 방법

역사 비평적 성서 해석[16] 방법은 역사의 진실을 밝히려는 역사학의 비평법으로써 사가(史家)들의 관점에 의해 채색되고 변형된 역사를 전제(前提)로 한다. 그러므로 이 방법은 이성의 합리적 기능을 활용하여 역사의 진실을 밝히려는 시도였다.

이것을 신학자들이 도입해서 사용한 방법이 바로 역사 비평적 성서 해석 방법이다. 이 방법의 전제에 따르면 성서는 온전한 하나님의 말씀이 아니라 기록한 사람들의 관점과 신앙고백 등에 의해 편집된 문서에 불과하다. 그러므로 비평적 방법을 사용해서 기자(記者)들의 관점을 제거해야 하며, 이렇게 할 때 성서의 진정성을 발견할 수 있다고 한다.

만약 사도들이 이 방법을 듣게 된다면 어떤 반응을 보일까? 사도들이 환상에 사로잡혀서 주님의 말씀을 왜곡한 자들이라고 말하는 이 방법에 동의할 수 있을까? 또한 초대교회 공동체를 유지하기 위해서 신화적인 요소를 가미했다고 하는 주장을 어떻게 생각할까? 더 나아가서 예수는 죽음을 택함으로 하나님 나라 도래가 임박했다는 자신의 주장이 틀렸음을 인정했다고 주장한다면 사도들은 어떤 반응을 보일까? 이런 간단한 질문만으로도 이 방법은 사도 전통이 아님을 확인할 수 있다.

2) 성서무오설

사도들이 성서무오설[17]을 알았을까? 필자는 《그리스도의 교회와 환원운동》에서 성서무오설이 사도 전통

---

[16] 역사 비평적 성서 해석은 성서를 고대 문서로 보고, 역사적·문학적 맥락에서 분석하려는 학문적 방법이다. 성서가 쓰인 시대, 저자, 형성 과정을 밝힘으로써 본문의 원래 의미를 이해하고자 한다. 주요 방법에는 문헌 비평, 편집 비평, 형식 비평, 역사 비평 등이 있다. 이 해석은 18세기 계몽주의 이후 발전했으며, 성서를 믿음의 책이 아닌 역사 문서로 접근한다는 점에서 전통 신앙과 긴장을 일으켰고, 기적·예언·부활을 자연주의적으로 해석하려는 시도는 신학적 논란을 낳기도 했다.
– 편집자 주

[17] 성서무오설은 성서가 하나님의 영감으로 기록되어, 원본에는 전혀 오류가 없으며 모든 내용이 진리만을 담고 있다고 믿는 입장이다. 이 입장은 성서가 신앙과 삶에 있어 절대적인 권위를 가진다고 보며, 특히 복음주의 진영에서 중요한 교리로 여겨진다. 일부는 무오성(모든 내용에 오류 없음)과 무류성(신앙과 구원에 관한 내용에 오류 없음)을 구분하기도 한다. – 편집자 주

이 아니라는 것을 논증하였다. 그런데도 필자가 성서무오설을 일정 부분 수용하는 이유는 성서가 하나님의 말씀이라는 것에 초점을 맞추었기 때문이다.[18] 잭 카트렐(Jack Cottrell)은 성서를 '진리'라는 측면에서 다루고 있다. 그는 "하나님께로부터 온 진리(Truth From God), 죄인들을 위한 진리(Truth for Sinners), 영원히 확고한 진리(Truth Forever Sure)"라는 측면에서 성서를 이해하고 있다.[19] 그가 진리라는 측면에서 성서를 이해하고 있는 이유는 성서를 하나님의 말씀으로 믿고 이해했기 때문이다. 이것은 역사 비평적 성서 해석 방법을 지양(止揚)하고 있음을 의미한다. 그런데도 성서무오설을 사도 전통으로 이해하는 것은 무리가 있다. 애초에 성서무오설은 가톨릭의 교황무오설에 대응하는 방식에서 출발하였다. 성서무오설은 가톨릭의 교황무오설과 역사 비평적 성서 해석 방법에 대응하는 데는 일정 부분 공헌하였다. 그러나 성서에 대한 다양한 접근이나 이해를 제공하는 것에는 많은 문제를 내포하고 있다. 또한 성서를 현대적으로 적용할 때는 경직성을 노출할 수도 있다는 점에서 신중한 접근이 필요하다고 본다.

부연하면 '성서는 완전한 하나님 말씀이다' 이 주장과 성서무오설은 일치하지 않을 수 있다. 특별히 축자영감설[20] 등과의 차이는 너무도 명확하다. 그러므로 성서무오설과 사도 전통을 구별해야 한다.

3) 구약성서를 어떻게 볼 것인가?

사도 시대의 성서는 당연히 구약성서다. 우리가 신

---

[18] 황한호, 《그리스도의 교회와 환원운동》(서울: 태광출판사, 2013), 82-83.

[19] Jack Cottrell, *His Truth* (Cincinnati, OH: A Division of Standard Publishing Co., 1980), 5-12.

[20] 축자영감설은 성서의 모든 단어 하나하나가 하나님에 의해 영감되었다고 믿는 입장이다. 다시 말해, 성서 저자들이 자유롭게 글을 썼지만, 하나님께서 각 단어까지도 정확하게 인도하셨다는 신앙이다. 이 견해는 성서의 완전한 권위와 무오성을 강조하며, 성서가 단순한 인간의 종교적 통찰이 아니라 하나님의 직접적인 계시임을 분명히 한다. 주로 보수적 복음주의 진영에서 받아들여진다. - 편집자 주

약성서라고 부르는 문서들은 사도 시대에는 성서라고 불리지 않았다. 이 말은 신약을 성서로 인정하지 않겠다는 것이 아니라 신약성서가 정경으로 인정되기까지는 사도들의 전통 혹은 가르침의 일종으로 분류되었음을 의미한다. 대략 2세기 중반부터 사도들의 권위 있는 문서로써 신약 27권에 대하여 정경(canon)화 작업[21]이 진행되어 A.D. 382년 로마 회의를 거쳐 A.D. 397년 카르타고 회의에서 공식적으로 27권이 정경으로 선포되었던 과정을 상기해 보면, 사도 시대에는 구약성서만이 공식적인 성서였음을 알 수 있다.

따라서 사도 전통으로 본 성서는 구약성서로 국한될 수밖에 없다. 그러므로 구약을 소홀히 하는 신약성서 중심의 성서관은 위험하다. 그렇다고 해서 신약성서의 가치가 절하되어야 한다는 것은 전혀 아니다. 단지, 신약과 구약의 조화가 중요하며 구약성서에서 예수 그리스도를 발견하려는 노력이 사도 전통이며 신약을 통해서 그 해석학적 가치가 드러나고 있다는 점을 말하고자 하는 것이다.

이렇게 보면, 사도들이 이해한 구약은 하나님으로서의 예수에 관한 예언을 기록한 거룩한 책이며 신약은 삼위일체 하나님으로서 예언의 성취자 예수에 관해 묘사한 책이다.

3. 사도 전통으로 본 성서

사도 전통으로 성서를 볼 때, 가장 분명한 메시지는 예수 그리스도다. 사도들은 예수가 그리스도라는

---

[21] 성서 정경화 작업은 오늘날 우리가 사용하는 성서 66권이 하나님의 권위 있는 말씀으로 공식 인정되기까지의 과정을 말한다. ① 구약 정경화: 유대인들은 이미 예수 시대 이전에 율법(모세오경), 예언서, 성문서로 구성된 구약성서를 사용하고 있었으며, 대체로 기원전 2세기경에 정경으로 자리 잡았다. 얌니아 회의(AD 90년경)에서 일부 논의가 있었으나, 이는 정경을 확정한 회의라기보다는 기존 전통을 확인한 수준이었다. ② 신약 정경화: 신약 성서는 예수 그리스도의 사역과 사도들의 증언을 담고 있으며, 초대교회는 여러 문서 가운데 사도적 권위, 교리의 일치성, 광범위한 사용 여부를 기준으로 정경을 선별하였다. 정경 목록은 점차 확립되었고, 아타나시우스(Athanasius)의 부활절 서신(AD 367)에서 현재의 신약 27권 목록이 처음으로 공식적으로 제시되었다. 이후 카르타고 회의(AD 397) 등을 통해 최종 확정되었다.

- 편집자 주

안경을 쓰고 성서를 이해했다. 이러한 관점을 이해하고자 할 때 가장 빈번하게 인용되는 구절이 바로 디모데후서 3장 15-17절이다.

> 또 어려서부터 성경을 알았나니 성경은 능히 너로 하여금 그리스도 예수 안에 있는 믿음으로 말미암아 구원에 이르는 지혜가 있게 하느니라 모든 성경은 하나님의 감동으로 된 것으로 교훈과 책망과 바르게 함과 의로 교육하기에 유익하니 이는 하나님의 사람으로 온전하게 하며 모든 선한 일을 행할 능력을 갖추게 하려 함이라

위 말씀을 분석해 보면, 예수 그리스도를 매개로 하여 구약성서를 해석하고 있음을 알 수 있다. 특히, 사도들은 예수 그리스도의 십자가 사건으로 구약성서를 해석하며 예수의 가르침을 기록하였다. 이것을 신약성서라고 부른다. 신약성서는 예언과 성취 그리고 구원의 완성과 성화의 과정을 설명하고 있다. 이러한 과정을 세 개의 십자가로 표현하면 다음과 같다.

1) 창조의 십자가

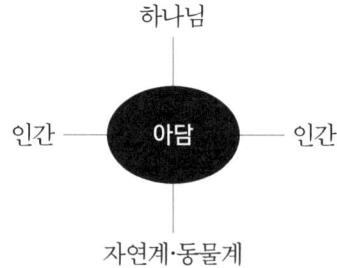

창조의 십자가에서 중심의 원 안에는 아담이 들어간다. 그 이유는 첫 사람 아담은 여러모로 예수 그리스도와 비교의 대상이 되기 때문이다. 고린도전서 15장 45-49절에 보면 이런 현상을 더욱 명확하게 드러난다.

> 기록된 바 첫 사람 아담은 생령이 되었다 함과 같이 마지막 아담은 살려 주는 영이 되었나니 그러나 먼저는 신령한 사람이 아니요 육의 사람이요 그 다음에 신령한 사람이니라 첫 사람은 땅에서 났으니 흙에 속한 자이거니와 둘째 사람은 하늘에서 나셨느니라 무릇 흙에 속한 자들은 저 흙에 속한 자와 같고 무릇 하늘에 속한 자들은 저 하늘에 속한 이와 같으니 우리가 흙에 속한 자의 형상을 입은 것 같이 또한 하늘에 속한 이의 형상을 입으리라

이렇듯 아담은 첫 사람으로서 예수 그리스도의 모형으로 비유되었다. 이것은 사도들에 의해 해석된 성서가 철저하게 예수 그리스도에게 초점이 맞추어져 있음을 의미함과 동시에 성서 전체를 관통하는 구원 사역의 핵심이 예수 그리스도라는 사실을 의미한다.

첫 사람 아담은 하나님과 인간 그리고 자연을 연결하는 매개였으며 중보자다. 이것은 창세기 2장 16-17절과 19절에서 더욱 명확해진다.

> 여호와 하나님이 그 사람에게 명하여 이르시되 동산 각종 나무의 열매는 네가 임의로 먹되 선악을 알게 하는 나무의 열매는 먹지 말라 네가 먹는 날에는 반드시 죽으리

라 하시니라 (16-17절)

여호와 하나님이 흙으로 각종 들짐승과 공중의 각종 새를 지으시고 아담이 무엇이라고 부르나 보시려고 그것들을 그에게로 이끌어 가시니 아담이 각 생물을 부르는 것이 곧 그 이름이 되었더라 (19절)

하나님은 선악을 알게 하는 나무의 실과에 대한 금기(禁忌)를 아담에게 명령하셨으며 불순종의 결과가 죽음이라는 선포 역시 아담을 통해 전달하셨다. 이것은 아담이 하나님의 명령을 수신한 유일한 사람이었으며 그 책임 역시 아담의 몫임을 드러낸다. 각종 들짐승과 새의 이름을 지은 것 역시 아담이었다.

이처럼 사도들이 이해한 창조의 원리는 그 중심에 아담이 위치한다. 이것은 사도들의 성서 해석의 특징이다. 그 이유는 '당시의 유대인들이 아브라함으로부터 선민의 역사를 말하는 것과 비교할 때 더 선명해진다. 사도들은 선민들을 넘어서 인류 전체의 구원자이신 예수를 세상의 그리스도로 제시하기 위하여 아담을 해석학적 도구로 삼고 있다.

2) 구속의 십자가

구속의 십자가 중심에는 예수 그리스도가 위치한다. 사도들은 예수 그리스도를 마지막 사람 혹은 둘째 사람으로 이해했다. 이러한 이해를 가능하게 한 이유는 예수 그리스도를 첫 사람 아담의 실패를 극복한 분으로 이해하고 있었기 때문이다. 사실, 첫 사람

아담을 등장시킨 것 자체가 예수 그리스도의 위치와 사역의 중요성을 부각하려는 전제였다. 그러므로 사도들은 성서를 이해하는데 첫 사람 아담의 실패와 예수 그리스도의 회복을 중요한 테마로 삼았다.

이것은 예수 그리스도가 우리의 길이며, 진리며 생명임을 논증하는 중요한 도구였다. 특별히 화목제물이 되신 예수 그리스도를 제시하면서 예수를 만물의 중심으로 해석하였다.

3) 성화의 십자가

성화의 십자가 중심에는 예수 그리스도가 존재하며, 더불어서 예수 그리스도를 닮아가려는 그리스도인을 위치시킨다. 그러므로 사도들에게 있어서 성화

되어간다는 것은 도덕적으로 좀 더 완전해진다는 의미보다 예수를 닮아간다는 의미가 우선되었다. 물론, 예수를 닮는다는 것은 도덕적으로 성숙한다는 것을 포함하지만, 우선적인 포인트는 그리스도의 십자가 사역을 닮아간다는 것이다.

현대신학 중 매우 중요한 위치를 차지하고 있는 생태신학은 이런 의미에서 매우 중요하다. 이것은 이사야 11장 6-9절을 통해서 드러난 말씀의 실천적 의미를 담고 있으며 예수 그리스도를 통해서 완성될 세계의 모형을 추구하는 형식이기도 하다.

> 그 때에 이리가 어린 양과 함께 살며 표범이 어린 염소와 함께 누우며 송아지와 어린 사자와 살진 짐승이 함께 있어 어린 아이에게 끌리며 암소와 곰이 함께 먹으며 그것들의 새끼가 함께 엎드리며 사자가 소처럼 풀을 먹을 것이며 젖 먹는 아이가 독사의 구멍에서 장난하며 젖 뗀 어린 아이가 독사의 굴에 손을 넣을 것이라 내 거룩한 산 모든 곳에서 해 됨도 없고 상함도 없을 것이니 이는 물이 바다를 덮음 같이 여호와를 아는 지식이 세상에 충만할 것임이니라

4. 맺음말

사도 전통으로 성서를 바라볼 때의 초점은 예수 그리스도다. 사도들은 예수 그리스도를 통해서 성서를 이해했다. 특히 첫 사람 아담과 둘째 사람 예수 그리스도를 비교하면서 성서 전체에 대한 통전적 해석을 시도하고 있다. 그러므로 사도 전통으로 재구

성한 성서는 예수 그리스도의 십자가 사역에 대한 예언이며 실천임을 보증하는 도구로써 온전한 하나님의 말씀이다.

제3장
아버지 하나님

1. 들어가는 말

최근 들어서 신론은 매우 중요한 논쟁을 유발했다. 종교개혁 이후에 개신교의 신학 논쟁이 구원론 중심으로 전개되었다면 오늘날의 신학 논쟁은 신론을 중심으로 펼쳐지고 있다. 소위 '종교다원주의(宗教多元主義, religious pluralism)'라고 일컫는 신학적 주제가 논쟁을 주도하고 있다.[22] 신론에 대한 논쟁이 초대교회의 핵심이었다는 점을 주목해 보면 신론은 신학적 성격을 규정하는 데도 상당히 중요한 역할을 하고 있다. 사도전통을 간직한 교부들은 신론 논쟁을 통하여 신학을 발전시키고 변호했다. 그 결과 '삼위일체론'이라는 불후의 명제가 탄생하게 되었다. 이것은 구약의 하나님 개념을 그대로 수용하면서도 예수를 하나님으로 고백하고자 했던 사도들의 신론에서 연유되었다.

사도들에게 있어서 하나님은 어떤 분이신가? 특히 예수 그리스도와의 관계 안에서 하나님을 어떻게 이해해야 하는가? 구약의 유일하신 하나님을 받아들

---

[22] 존 힉(John Hick)이 주창한 신 중심적 종교다원주의는 본질적으로 신론에 대한 논쟁이라 할 수 있다.

이면서도 예수를 하나님으로 고백하고자 했던 사도들에게 있어서 하나님은 어떤 분인가? 이런 질문들로 신론에 대한 사도 전통을 탐구한 결과 발견한 보편적인 명제는 '아버지 하나님'이다.

2. 신론의 쟁점들

예수가 하나님이라는 고백으로 인하여 사도 시대의 신론은 복잡한 양상을 띠기 시작하였다. 구약의 유대인들은 '오직 한 분이신 하나님과 보이지 않는 하나님'이라는 매우 독특한 형태의 신론을 갖고 있었다. 이것은 다신론적 시대 상황에서 매우 이례적인 신론이었다. 그뿐만 아니라 형상 금령을 선포하면서 보이지 않지만, 전능하신 하나님 상(像)을 제시했다.[23] 사도들에게도 이러한 개념은 그대로 수용되었으나, '오직 한 분이신 하나님'에 대한 개념은 새로운 해석이 필요하게 되었다. 다시 말하면, '한 분이신 하나님'이라는 전통적 신론을 고수하면서도 예수를 하나님으로 고백할 수 있는 교리적 진술이 필요하게 되었다. 특히 사도 요한에게 이르러서 이 작업은 매우 중요한 진전을 이루었는데, 그는 요한복음 1장 1절을 통해서 예수를 말씀과 하나님으로 진술했다.

> 태초에 말씀이 계시니라 이 말씀이 하나님과 함께 계셨으니 **이 말씀은 곧 하나님이시니라**

사도들의 이러한 고백은 325년 니케아공의회로부터 시작하여 451년 칼케돈공의회에 이르는 긴 시간 동

[23] 민대훈, 《바르트와 레비나스가 본 형상 금령 해석》(도서출판 B&A, 2007). 민대훈은 이 책에서 바르트의 초월성과 레비나스의 타자성을 모티브로 하여 형상 금령에 대한 해석학적 타당성을 탐구하였다. 그의 주장에 따르면, 하나님의 초월성을 강조한 바르트에게서는 예수 그리스도를 발견할 수 있으며, 절대 타자성을 강조한 레비나스에게서는 타자를 통한 하나님의 윤리적 현현을 발견할 수 있다고 한다. 이는 형상 금령을 수용하고 있는 사도 전통의 의미를 현대 해석학적 도구를 통해 매우 적절하게 설명한 예라 할 수 있다.

안의 논쟁을 거쳐서 '삼위일체론'이라는 교리적 진술로 귀결되면서 일단락되었다. 이후 근대주의가 발전하면서 '이신론(理神論, deism)'이라는 신론이 등장하게 되었는데, 이것은 새로운 논쟁거리를 제공하였다. 이신론은 하나님의 초월을 강조한 교리로서 인간 이성(理性)의 절대적 기능을 강조하는 특징을 지니고 있다.[24] 이것은 '초월과 내재'라는 구조를 형성하면서 신론에 대한 새로운 논쟁점을 제공하였다.[25] 하나님의 초월을 강조하는 이신론은 하나님의 간섭을 배제하고 인간이 하나님 대신 세계를 통치하고자 하는 열망이 담겨있다. 그러나 이 시도는 세계대전 탓에 실패로 끝나게 되었다. 그 결과 현대신학자들에게 있어서 초월과 내재를 통전적 구조로 해석하려는 경향이 나타났다.

또 하나의 신론은 다원주의적 해석이다. 특히 존 힉(John Hick)의 신 중심적 다원주의는 구약의 하나님만을 인정하고 예수를 상대화시키는 특징을 지니고 있다. 이것은 신론 논쟁의 현대적 특징으로써 신(神)을 일자(一者, The One)로 해석했던 신플라톤주의[26]의 현대적 재현(再現)이라고 보아야 할 것이다. 다원주의적 논쟁들은 현재진행형이지만 사도 전통이 아니라는 점을 분명하게 밝혀두고자 한다.

3. 사도 전통으로 본 신론

사도 전통으로 바라본 신론의 특징은 무엇인가? 이것은 첫째로 구약의 신론을 포괄한다. 즉 창조주 하나님, 유일한 분으로서의 하나님, 그리고 사랑의 하

---

[24] 이신론(理神論, deism)은 두 가지 부류로 나눌 수 있다. 첫째는 반(反)이성적 성격을 지닌 이신론으로, 계몽주의적 특징을 지니며 성서의 계시 중심 구조를 비판하고 이를 이성 중심의 구조로 재해석하고자 한다. 둘째는 초(超)이성적 성격을 지닌 이신론으로, 17세기 영국의 철학자 E. 허버트(Herbert)가 주창한 것으로, 초월하시는 하나님을 강조하는 특징을 지닌다. - 편집자 주

[25] 이러한 관점에서 현대 신학을 해석한 대표적인 학자로는 스탠리 그렌츠(Stanley J. Grenz)와 로저 올슨(Roger E. Olson)이 있다. 이들은 하나님의 초월성과 내재성을 중심으로 현대 신학을 비평하고 있다. Stanley J. Grenz, Roger E. Olson, 《20세기 신학》, 신재구 옮김 (서울: IVP, 1997).

[26] 신플라톤주의는 고대 철학자 플라톤의 사상을 발전시킨 후기 고대 철학 운동으로, 3세기경 플로티노스(Plotinus)에 의해 체계화되었다. 이 사상은 존재의 근원인 '일자(一者,

나님을 포괄하고 수용한다. 둘째로 '아버지 하나님'이라는 신론이 추가되었다. 즉 '예수의 아버지로서의 하나님과 우리의 아버지 되시는 하나님 그리고 아들로 형상화된 아버지 하나님'이라는 구조가 등장했다.

1) 예수의 아버지 하나님

사도들에게 있어서 하나님은 예수의 아버지다. 이것은 인간과 하나님의 질적 차이를 강조했던 유대인들의 가치관과 정면으로 대치하였다. 그런데도 베드로를 비롯하여 사도들은 예수와 하나님의 질적 차이를 인정하지 않고 예수를 하나님으로 고백했다. 베드로는 마태복음 16장 16절에서 이렇게 고백했다.

> 시몬 베드로가 대답하여 이르되 **주는 그리스도시요 살아 계신 하나님의 아들이시니이다**

그런가 하면 도마와 나다나엘은 이렇게 고백했다.

> 도마가 대답하여 이르되 **나의 주님이시요 나의 하나님이시니이다** (요 20:28)

> 나다나엘이 대답하되 랍비여 **당신은 하나님의 아들이시요** 당신은 이스라엘의 임금이로소이다 (요 1:49)

바울은 좀 더 직접적으로 하나님께서 예수의 아버지 되심을 표현하고 있는데 에베소서와 로마서에서 다

The One)'로부터 모든 존재가 흘러나온다고 보며, 인간의 영혼은 물질 세계를 넘어 일자와의 합일을 추구해야 한다고 강조한다. 신플라톤주의는 형이상학적이고 영적이며 신비주의적인 성향을 띠며, 선(善)과 미(美)의 최고 원천을 일자라고 본다. 이 사상은 기독교 신학, 특히 교부 철학(예: 아우구스티누스)과 중세 신비주의에 깊은 영향을 끼쳤다.

- 편집자 주

음과 같이 진술하고 있다.

> 찬송하리로다 **하나님 곧 우리 주 예수 그리스도의 아버지께서** 그리스도 안에서 하늘에 속한 모든 신령한 복을 우리에게 주시되 (엡 1:3)

> 한마음과 한 입으로 하나님 곧 **우리 주 예수 그리스도의 아버지께** 영광을 돌리게 하려 하노라 (롬 15:6)

이렇듯 사도들의 고백 속에는 예수의 아버지로서의 하나님에 대한 고백이 담겨있다. 이들이 아버지라는 말을 사용한 것에 대하여 철학적 해석을 시도하는 것은 옳지 않다. 왜냐하면 이들은 항상 순수한 신앙적 고백의 차원에 머물러 있었기 때문이다. 그러나 이 고백이 그리스(헬라) 철학과 만나게 되었을 때, 좋든 싫든 그리스 철학의 해석을 수용할 수밖에 없었다. 그 결과 삼위일체론이라는 결론을 얻게 되었으며, 아버지와 아들이라는 고백 속에는 존재론적 일치에 대한 철학적 해석이 포함되었다. 즉 아버지와 아들은 본질에 차이가 없는 동일본질(Homoousios)[27]로서 동등한 존재로 해석되었다.

2) 우리의 아버지 하나님

사도들에 의해서 선포된 신론 중 세상을 가장 놀라게 한 것은 바로 '인간들의 아버지 곧 우리의 아버지'라는 개념이다. 예수와 같이 하나님을 아버지라고 불렀던 사도들에 의해 신론은 새로운 장을 열게 되

---

27 동일본질론(同一本質論, Homoousios)은 예수 그리스도(성자)가 하나님 아버지(성부)와 본질상 동일하다는 기독교 삼위일체 교리의 핵심 개념이다. 이 용어는 니케아 공의회(AD 325년)에서 공식적으로 채택되었으며, 아리우스의 "예수는 피조물이다"라는 주장에 반대하여, 성자는 창조된 존재가 아니라 성부와 동일한 본질(ousia)을 지닌 참 하나님임을 선언하였다. -편집자 주

었다. 그러나 이 용어는 유대인들에게는 도저히 받아들일 수 없는 개념이기도 하였다. 사실, 이 용어는 이방인들에게 더 편안한 개념이었다. 애굽의 바로는 자신을 태양신의 아들 혹은 현현(顯現)으로 칭했으며, 동양에서도 황제들을 일컬어서 천자(天子)라고 칭했던 것은 하늘의 아들 혹은 대리자라는 개념이 포함되어 있었다. 그뿐만 아니라 세계의 여러 문화권에서 권력자들을 신의 아들 혹은 현현(顯現)으로 이해하고자 하는 시도가 나타났다. 그런데 이러한 개념이 그리스도인들에게 적용되었다. 물론 이방의 왕들처럼 권력의 상징은 아니었다. 단지, 예수 그리스도에 의해 주어진 구원의 선물을 표현하는 방법이었다.

그런데도 하나님을 아버지라고 부른다는 것은 유대교 전통을 계승한 그리스도인에게 쉽지 않은 호칭이었다. 그것도 의인들로서의 인간이 아니라 죄인으로서의 인간에게 초점이 맞춰지면서 이방인들이나 유대인들의 신론과는 전혀 다른 차원을 지니게 되었다. 바울은 이렇게 진술하고 있다.

> 우리 주 예수 그리스도와 우리를 사랑하시고 영원한 위로와 좋은 소망을 은혜로 주신 **하나님 우리 아버지께서** 너희 마음을 위로하시고 모든 선한 일과 말에 굳건하게 하시기를 원하노라 (살후 2:16-17)

> 너희가 아들이므로 하나님이 그 아들의 영을 우리 마음 가운데 보내사 **아빠 아버지라** 부르게 하셨느니라

(갈 4:6)

위와 같은 사도들의 진술에 대하여 서방교회(가톨릭)는 '양자됨'으로 이해했고 동방교회(동방정교회)는 '신격화'로 이해했다. 이렇게 표현하는 이유는 '우리의 아버지'라는 개념과 '예수의 아버지'라는 개념 간에는 질적 차이가 있음을 설명하고자 했기 때문이다. 즉 아들로서의 예수는 아버지로서의 하나님과 존재론적 일치점을 가지며 그 결과 본질적으로 동등함을 공유하지만, 아버지 하나님의 아들로 칭함을 받는 인간은 아버지 하나님과 본질적으로 동등함을 공유할 수 없다. 부연하면, 서방교회가 인간의 몸으로 오신 예수의 성육신에 초점을 맞추었다면 동방교회는 예수에 의해 변화된 인간에게 초점을 맞추고 있다. 동·서방교회의 공통점은 신론의 중대한 변화를 의미하는데 그것은 '예수의 아버지가 곧 우리의 아버지 하나님'이 된다는 진술이다.

3) 아들로 형상화된 아버지

우상숭배를 금한 형상 금령에 나타난 의미는 형상과 우상숭배를 동일시하는 개념을 가지고 있다. 또한 하나님은 보이지 않는 분임을 전제로 한다. 이러한 구약의 가르침은 사도들에게도 그대로 수용되었다.

> 영원하신 왕 곧 썩지 아니하고 **보이지 아니하고** 홀로 하나이신 하나님께 존귀와 영광이 영원무궁하도록 있을지어다 아멘 (딤전 1:17)

성서에 기록된 분명한 사실은 하나님의 형상대로 창조된 인간이다. 그리고 예수께서 보이지 않는 하나님의 형상임을 밝히고 있다. 물론 예수가 하나님의 형상인 것과 인간이 하나님의 형상대로 창조된 것은 질적인 차이가 존재한다는 것은 위에서 밝힌 바와 같다.

> 하나님이 자기 형상 곧 **하나님의 형상대로** 사람을 창조하시되 남자와 여자를 창조하시고 (창1:27)

> 그는 보이지 아니하는 **하나님의 형상이시요** 모든 피조물보다 먼저 나신 이시니 (골 1:15)

> 그 중에 이 세상의 신이 믿지 아니하는 자들의 마음을 혼미하게 하여 그리스도의 영광의 복음의 광채가 비치지 못하게 함이니 그리스도는 **하나님의 형상이니라** (고후 4:4)

이와 같은 진술은 보이지 않는 하나님이 예수로 형상화되었음을 의미한다. 그러므로 사도 전통에 나타난 신론의 특징 중 하나는 '아들로 형상화된 하나님'이다. 이것은 구약의 보이지 않는 하나님에 대한 개념을 수용하면서도 사도 전통에 의해 매우 새롭게 나타난 신론이다. 특히 아들인 예수로 형상화된 하나님에 대하여 증언하면서 예수를 본 자는 아버지를 보았다고 밝히고 있다. 또한 바울의 증언에 따르면, 하나님께서는 인간들로 하여금 아들을 본받게 하려고 계획하셨다. 이것은 인간들을 통해서도 하나님의 형상을 드러내려고 하는 하나님의 계획을 함축한다.

> 예수께서 이르시되 빌립아 내가 이렇게 오래 너희와 함께 있으되 네가 나를 알지 못하느냐 나를 본 자는 **아버지를 보았거늘** 어찌하여 아버지를 보이라 하느냐 (요 14:9)

> 하나님이 미리 아신 자들을 또한 **그 아들의 형상을 본받게 하기 위하여** 미리 정하셨으니 이는 그로 많은 형제 중에서 맏아들이 되게 하려 하심이니라 (롬 8:29)

이러한 사실들로 비춰볼 때, 사도 전통의 신론은 매우 중요한 특징을 가진다. 사도 전통의 신론은 보이지 않는 하나님이, 아들과 믿는 자들을 통하여 형상화되려는 하나님의 계획을 내포하고 있다.

4. 맺음말

사도 전통에 나타난 신론은 '아버지 하나님'이다. '예수의 아버지, 우리의 아버지, 아들로 형상화된 아버지'다. 이것은 구약의 신론을 계승하면서도 사도들에 의해 독특하게 전개된 신론이다. 특히, '예수의 아버지'라는 신론은 삼위일체론을 진술하게 되는 결정적 근거다. 이러한 신론의 특징을 살펴볼 때, 사도 전통은 예수가 하나님이라는 렌즈(lens)를 통하여 '아버지 하나님'에 대하여 진술하고 있다고 보아야 할 것이다.

제4장
기독론: 신인(神人)이신 예수

1. 들어가는 말

예수는 누구인가? 이 질문은 초대교회로부터 지금까지 제기되어온 질문이다. 이미 예수를 믿는 그리스도인들에게는 부질없는 질문처럼 들릴 수도 있지만, 비 그리스도인들에게는 여전히 매우 유효한 질문이다. 또한 시대적 상황에 따라서 예수에 대한 진술 혹은 변증의 방법이 달라진다는 점에서 보면, 이 질문은 그리스도인들이 늘 상기(remind)해야 하는 중요성을 지니고 있다. 특히, 예수에 대한 진술들을 사도 전통으로 탐구하는 것은 지나치게 철학적이고 관념론적인 진술들을 걸러낸다는 것과 같다. 또한 순수한 사도 전통으로 기독론을 재구성할 기회다. 이 작업이 성공적으로 진행된다면 기독론의 차이로 인한 교파 분열을 치유하고 본질적 일치를 추구할 수 있는 이론적 토대가 제공될 수 있을 것이다.

2. 기독론의 쟁점들

기독론의 쟁점들을 전개하기 이전에 아래의 말씀을

먼저 검토해 보아야 한다.

> 예수께서 빌립보 가이사랴 지방에 이르러 제자들에게 물어 이르시되 사람들이 인자를 누구라 하느냐 이르되 더러는 세례 요한, 더러는 엘리야, 어떤 이는 예레미야나 선지자 중의 하나라 하나이다 이르시되 너희는 나를 누구라 하느냐 (마 16:13-15)

"너희는 나를 누구라 하느냐?(마 16:15)" 이 질문은 기독교 신학의 출발점이다. 유대교가 천지를 창조하신 하나님, 아브라함을 부르신 하나님에 대한 답변을 시도하면서 교리를 전개했다면 기독교는 예수의 질문에 대하여 답변을 시도함으로 신학을 전개하고 발전시켰다. 예수의 이 질문에 대하여 베드로는 이렇게 답변했다.

> 시몬 베드로가 대답하여 이르되 주는 그리스도시요 살아 계신 하나님의 아들이시니이다 (마 16:16)

근대 이전까지 기독교는 베드로의 고백을 해석하는 데 중점을 두었다. 그 결과 예수의 양성론[28]이 칼케돈회의(the Council of Chalcedon, AD 452년)에서 예수는 "참 하나님(Vere Deus)이며 참 인간(Vere Homo)"이라는 교리가 확립되었다. 그러나 근대에 이르러 역사적 예수 탐구가 진행되면서 이 교리는 매우 심각한 도전에 직면했다.

역사적 예수 탐구는 과학적 검증을 통해 '1세기에 살

---

[28] 양성론(兩性論, Doctrine of Two Natures)은 예수 그리스도 안에 완전한 신성과 완전한 인성이 하나로 연합되어 있다는 기독교의 핵심 교리이다. 이 교리는 칼케돈 공의회(AD 451년)에서 확립되었으며, 예수께서 한 인격(Person) 안에 두 본성(Natures), 곧 신성과 인성을 지니되, 이 두 본성은 혼합되지 않고, 변화되지 않으며, 분리되지 않고, 나뉘지 않게 결합되었다고 고백한다. 이 교리는 예수께서 참 하나님이시자 동시에 참 사람이심을 인정하면서도, 두 본성이 하나의 인격 안에서 완전하게 연합되었음을 강조하는 데 목적이 있다. - 편집자주

았던 예수가 과연 하나님인가?'라는 근본적 질문을 제기하였다. 사복음서를 중심으로 전개된 이 탐구는 19세기의 과학적 진술을 토대로 전개되었기 때문에 당시의 과학으로는 이해할 수 없었던 동정녀 탄생, 부활, 예수가 행한 기적 등은 모두 부인되었다. 이후 불트만(Rudolf Bultmall)에 의해 비신화화 개념이 등장했지만, 그의 시도 역시 역사적 예수 탐구의 일종이었다는 점에서 큰 차이가 없다. 역사적 예수 탐구의 결과 예수는 "견유 철학자, 실패한 혁명가, 신비주의 운동가"로 규정되었다. 이것은 베드로의 신앙고백을 바탕으로 하여 신학을 전개해 온 신학의 역사를 통째로 뒤집는 사건이었다. 그러나 과학주의와 함께 자유주의 신학이 심각한 위기를 겪으면서 이 시도는 자연스럽게 신학적 논쟁에서 주변부로 밀려났다.

이처럼 예수를 상대적인 존재로 전락시키려는 시도로 인하여 기독론은 또 다른 도전에 직면했다. 이들은 예수가 역사 이전부터 존재하던 하나님으로서 성육신을 통하여 인간이 되었다는 전통적인 신앙 진술을 거부하고 예수를 역사적 인물에 불과하다고 주장했다. 그러나 사도 전승은 분명하게 다음과 같이 진술하고 있다.

> 태초에 말씀이 계시니라 이 말씀이 하나님과 함께 계셨으니 이 말씀은 곧 하나님이시니라 (요 1:1)

이러한 진술은 교부들에게도 그대로 전승되었다.

그러므로 예수의 절대성을 의심하는 모든 시도는 사도 전통이 아니다.

3. 사도 전통으로 본 기독론

사도 전통으로 기독론을 재검토한다는 것은 기독론의 원형을 탐구하는 의미와 같다. 다시 말하면 헬라적 사고방식을 벗고 사도들의 본래 진술 방식을 대면하는 것을 의미한다. 이것이 사도 전통으로 본 기독론의 의미다.

1) 유일한 구원자로서의 예수

신인(神人, Jesus: God and Man)이신 예수는 사실 사도 전통보다 교부 전통에 기반한 교리적 진술이지만, 니케아회의(the council of Nicaea, AD 325년)로부터 칼케돈회의에 이르는 과정을 통하여 정립되었으며 사도 전통을 잘 담지하고 있다. 그런데도 사도 시대의 핵심적 쟁점은 신인으로서의 예수가 아니라 구원자로서의 예수다. 부연하면, 사도 전통은 신인보다는 구원자 예수를 더욱 강조했다. 그 이유는 사도 시대의 사고방식과 밀접한 관련이 있다. 사도 전통과 교부 전통을 분리한 이유는 교부 시대에 이르러서 철학적, 문화적 요소가 가미되면서 사도 전통의 본래적 의미가 일정 부분 퇴색된 현상이 나타났기 때문이다.

사도 시대의 사고방식은 히브리적이었다. 히브리적 사고방식[29]은 '왜-무엇(why-what)'의 구조를 갖추고 있다. 또한 본질적으로 방법에 관한 질문보다는 근

29 히브리적 사고방식은 성서, 특히 구약의 문화적·신학적 배경을 형성한 고대 히브리 민족의 구체적이고 실천적인 세계관을 말한다. 이 사고방식에서 진리는 추상적인 개념이 아니라 이야기, 역사, 경험을 통해 전달되며, 신앙은 반드시 삶의 행동으로 이어져야 한다고 본다. 하나님과의 관계는 '언약적 관계'로 이해되며, 개인보다는 공동체의 순종과 책임이 강조된다. 시간은 순환적으로 이해되고, 하나님의 구원 행위는 오늘날에도 반복된다고 여긴다. 예배, 노동, 식사 등 일상의 모든 영역에서 하나님의 뜻을 실천하는 것이 중요하며, 이러한 관점은 성서 전체에 흐르고 있다. 오늘날에도 신앙과 삶의 통합이라는 관점에서 히브리적 사고방식은 깊은 통찰을 제공한다. - 편집자 주

거와 이유에 관한 질문을 더 선호했다. 따라서 히브리적 사고로 인간이 되신 하나님을 바라보면, '하나님이 어떻게 인간이 될 수 있는가?'라는 문제보다 '하나님이 왜 인간이 되어야 했는가?'라는 것에 더 집중하게 된다. 아마도 기독교가 헬라 세계에 들어가지 않았다면 예수의 양성론 문제는 대두되지 않았을 것이다. 유사한 경우가 우리나라에도 있는데 바로 단군신화다. 우리는 단군이 신인지 또는 인간인지 하는 질문을 던지지 않는다. 그 이유는 우리 역시 히브리적 사고방식과 유사한 방식으로 사고(思考)하고 있기 때문이다. 단군신화를 통해서 우리는 '홍익인간(弘益人間)'이라는 대 명제를 발견하고 발전시키는 데 집중했다. 그러나 만약 단군신화가 헬라적 사고방식30인 '어떻게-무엇(how-what)'으로 해석되었다면 기독론과 같은 방식의 양성론이 등장했을 가능성도 농후하다. 물론, 단군은 예수처럼 유일한 구원자도 아니고 하나님도 아니기에 양성론이 제기되었다고 할지라도 기독론과 같은 위치를 차지할 수는 없겠지만, 적어도 구조적인 면에서는 유사했을 것이다.

결론적으로 히브리적 사고방식은 '하나님과 인간의 질적인 차이가 어떻게 극복되었을까?' 하는 질문보다 '왜 인간이 되셨는가?'에 집중하였다. 그 결과 예수는 '유일한 구원자'라고 고백할 수 있었다. 그러나 이 고백은 헬라적 사고방식으로 전환될 때 양성론 가능성을 배태하고 있다. 이런 점에서 양성론은 유일한 구원자 예수에 대한 헬라적 사고방식의 결과다. 그러므로 양성론의 본래 의도를 찾아야 하는데

30 헬라적 사고방식은 고대 그리스 철학과 문화에서 비롯된 세계관으로, 이성과 논리, 추상적 사고를 중심으로 세상과 존재를 이해하려는 태도가 특징이다. 플라톤과 아리스토텔레스의 영향을 받아, 진리를 개념적으로 정의하고 체계적·분석적으로 탐구하려는 경향이 강하다. 신앙 역시 철학적 사유의 대상이 될 수 있으며, 신과 인간, 세계를 형이상학적으로 접근한다. 또한 개인의 자율성과 이상 세계에 대한 탐구를 중시하고, 시간을 선형적으로 이해하며 발전 가능하다고 본다. 이러한 사고방식은 서양 신학과 문화에 큰 영향을 끼쳤으며, 이해와 논증을 중시하는 이성 중심의 태도가 핵심적 특징이다.

- 편집자 주

그것이 바로 '유일한 구원자 예수'다. 누가는 이렇게 진술하고 있다.

> 다른 이로써는 구원을 받을 수 없나니 천하 사람 중에 구원을 받을 만한 다른 이름을 우리에게 주신 일이 없음이라 하였더라 (행 4:12)

누가의 진술은 사도들이 공유하며 가장 중시하던 신앙고백이다. 따라서 사도 전통으로 본 기독론의 첫 번째는 '유일한 구원자 예수'다.

2) 교회의 머리와 몸으로 표현된 예수

예수의 부활과 승천 이후에 중요한 변화가 하나 나타났는데 그것은 '교회의 출현'이다. 성전과 회당이라는 체제하에서 예배와 교육을 분리하고 있던 당시의 유대인들에게 교회는 매우 독특한 구조로 이해되었을 것이다. 왜냐하면, 사도들의 교회관은 성전과 회당을 융합해 놓은 것과 같기 때문이다. 심지어 사도들은 예수를 성전 그 자체로 묘사하기도 했다.

> 그러나 예수는 성전된 자기 육체를 가리켜 말씀하신 것이라 죽은 자 가운데서 살아나신 후에야 제자들이 이 말씀하신 것을 기억하고 성경과 예수께서 하신 말씀을 믿었더라 (요 2:21-22)

바울 사도에게 있어서 성전 된 예수에 대한 진술은 좀 더 구체적으로 발전되었는데, 그것은 교회의 머리와 몸으로서의 예수다.

> 또 만물을 그의 발 아래에 복종하게 하시고 그를 만물 위에 교회의 머리로 삼으셨느니라 (엡 1:22)

> 그는 몸인 교회의 머리시라 그가 근본이시요 죽은 자들 가운데서 먼저 나신 이시니 이는 친히 만물의 으뜸이 되려 하심이요 (골 1:18)

사실, 이 표현은 하나님에 대한 형상화(形狀化)의 개념을 내포하고 있다. 마치, 이방의 신전처럼 신전의 개념으로 전이될 가능성 때문이다. 아쉽지만, 이 가능성은 사도들이 교회를 표현할 때 사용하던 '에클레시아(Ecclesia)'를 어느새 신전이란 개념의 '처치'로 번역하는 결과로 나타났다.31 그러나 사도들에게 있어서 교회로서의 예수는 건물이 아니라 '교회의 기능과 구성'에 있다. 부연하면, 예수를 교회의 머리나 몸으로 표현하며 사용된 에클레시아라는 단어를 보면, 에클레시아는 '천국 의회와 같은 기능을 하기 위하여 선택받은 사람들로 구성되었다'는 사실에 중점을 둔 표현이다. 이러한 사실은 에클레시아가 민회(民會)를 의미하는 말로써 국가의 중요한 의결권을 행사하였던 로마 당시의 중요한 기관이었던 점을 상기하면 더욱 확연해진다.

예수는 베드로의 고백에 이렇게 대답하셨다.

> 내가 천국 열쇠를 네게 주리니 네가 땅에서 무엇이든지

---

31 이 부분은 뒤의 제7장 '교회론: 에클레시아 교회론'에서 상세히 다루겠다.

매면 하늘에서도 매일 것이요 네가 땅에서 무엇이든지 풀면 하늘에서도 풀리리라 하시고 (마 16:19)

이것은 교회가 중요한 의결권을 가지고 있는 에클레시아의 기능을 가지고 있음을 의미한다. 더 나아가서, 그 교회의 머리와 몸인 예수 자신이 세상의 주관자로서 권능을 가지고 있음을 의미한다. 따라서 사도 전통으로 본 기독론의 두 번째는 '교회의 머리와 몸으로서의 예수'다.

3) 육신이 된 말씀으로서의 예수

로고스(logos) 기독론[32]으로 알려진 육신이 된 말씀으로서의 예수는 예수의 선재(先在)와 함께 그의 신적 능력 그리고 참 인간으로서의 본성까지 망라한 개념이다. 이 개념은 사도 요한에게서 더욱 발전된 형태로 나타나는데 예수의 신성과 선재성에 대한 사도적 변증의 의미를 지닌다.

> 태초에 말씀이 계시니라 이 말씀이 하나님과 함께 계셨으니 이 말씀은 곧 하나님이시니라 (요 1:1)

> 말씀이 육신이 되어 우리 가운데 거하시매 우리가 그의 영광을 보니 아버지의 독생자의 영광이요 은혜와 진리가 충만하더라 (요 1:14)

물론, 이 개념은 그리스 철학을 차용한 것으로 이해될 수도 있다. 그러나 사도들이 당시의 고차원적 그

---

[32] 로고스 기독론은 예수 그리스도를 하나님의 말씀(로고스)으로 이해하는 기독론으로, 요한복음 1장의 "태초에 말씀이 계시니라… 그 말씀이 곧 하나님이시라"(요 1:1)와 "말씀이 육신이 되어 우리 가운데 거하시매"(요 1:14)에 근거한다. 로고스는 헬라 철학에서는 우주의 이성적 원리를, 히브리 전통에서는 하나님의 창조적 말씀을 의미하며, 요한복음은 이 둘을 통합하여 예수를 영원한 하나님의 말씀으로 선포한다. 이에 따라 예수는 하나님의 자기 계시이자 중보자이며, 참 하나님이자 참 인간으로 이해된다. 이는 초기 교회에서 예수의 신성과 인성에 대한 이해, 나아가 삼위일체론과 양성론의 정립에 중요한 기초가 되었다. - 편집자 주

리스 철학을 변증의 도구로 사용했다고 보기는 어렵다. 단지, 사도들은 하나님께서 말씀으로 세상을 창조하셨을 때 바로 그 말씀이 예수라고 해석하는 새로운 관점을 제시하고 있다. 이것은 예수를 중심으로 성서를 이해했던 사도들의 독특한 성서 해석 방식이다. 이렇게 보면, 사도 전통으로 본 기독론의 세 번째 개념은 '육신이 된 말씀으로서의 예수'가 분명하다.

4. 맺음말

기독교 초기의 역사에서 신학 논쟁은 기독론과 연관되어 있다. 니케아회의로부터 교부들은 예수가 누구인가에 집중하였다. 특히, 베드로의 고백에 관한 해석이 매우 중요한 과제였다. 이러한 과제를 수행하면서 나타난 것 중 하나가 예수의 양성론이다. 이것은 삼위일체론과 함께 기독교 신앙에 있어서 가장 중요한 교리 중 하나다. 그러나 히브리적 사고에 익숙하던 사도들은 구원자 예수에 집중했다. 이러한 사실에 기초하여 사도 전통으로 본 기독론은 첫째, 유일한 구원자로서의 예수, 둘째, 교회의 머리와 몸으로 표현된 예수, 셋째, 육신이 된 말씀으로서의 예수다.

제5장
성령 하나님

1. 들어가는 말

이 글은 성령에 대한 논쟁을 중심으로 다루면서 사도들이 이해한 성령에 관하여 탐구하려는 목적을 띠고 있다. 사도 전통은 성서를 해석하는 가장 원초적인 기준이며 교파 분열을 치유하고 교회다움을 회복할 수 있는 근원적 전거(典據)다. 사도 전통은 교회들이 여러 교파로 분열되기 이전의 전통이며 주님의 가르침을 변형시키지 않고 순수하게 간직하고 있다. 이것은 사도 전통으로 성서를 해석하고 교리를 재구성해야 하는 당위성을 제공한다.

성령에 대한 사도 시대의 논쟁은 사실 매우 제한적이었다. 사도 시대의 주요 논쟁은 기독론을 중심으로 전개되었기 때문이다. '예수는 누구인가? 그는 정말 하나님인가? 그는 예언된 메시아인가? 혹은 예언의 성취자인가?'라는 논쟁이 주요쟁점이었다. 이것이 삼위일체론 논쟁과 구원론 그리고 다양한 교리적 논쟁으로 나타났다. 사도들은 구약의 유일신 사상을 간직하면서도 예수를 하나님으로 고백하고자 했다. 즉 예수가 하나님이라는 사실을 변증하는 데 집중하였다. 성령론은 이러한 노력 과정에서 부록처럼 다뤄졌다. 부연하면 이 시대의 성령론 논쟁은 삼위일체 논쟁의 부속물처럼 취급되면서 특별한 논쟁점을 만들어 내지 못하였으나 사역의 현장은 언제나 성령의 역사에 의존하고 있었다. 이것은 성령론 논쟁이 이론적 차원이 아니라 실천적 차원임을 의미한다.

2. 성령론의 쟁점들

성령이 누구신가? 사도 시대에 진술된 성령은 '돕는 분, 하나님의 뜻을 고지(告知)하는 분, 은사를 주시는 분, 그리스도인다운 삶으로 이끄시는 분' 등이다. 따라서 사도 시대의 성령론은 이론적 개념이라기보다는 현장 중심의 실천적 개념이다. 성령에 대한 논술은 이론적 토대 혹은 조직신학적 개념으로 발전하기보다는 실천적 토대 혹은 목회신학 개념에서 이해되었다. 오히려 몬타누스주의[33]자들 같은 이단들에서 더 활발하게 이론적 토대를 제공하고 있었지만, 이단적 요소로 인하여 성령론은 더욱 배척되는 결과를 가져왔다.

중세의 성령론 역시 교회의 통치력을 강화하려는 정책과 맞물리면서 신학의 중심에 서지 못하였다. 그런데도 동·서방교회가 분열[34]되는 교리 논쟁이 바로 성령론이었다는 점은 매우 의미심장하다. 성령이 아들을 통해서 아버지에게서 나온다고 진술했던 동방교회와 달리 서방교회는 성령은 아버지

[33] 몬타누스주의(Montanism)는 2세기 중반 몬타누스가 시작한 성령 계시와 예언 중심의 운동으로, 극단적 종말론과 금욕주의를 주요 특징으로 한다. 몬타누스와 두 여예언자(프리스킬라, 막시밀라)는 성령이 자신들을 통해 직접 말씀하신다고 주장했으며, 이 예언을 기존 교회의 권위보다 우위에 둠으로써 교회의 질서에 도전했다. 그들은 종말이 임박했다고 선포하며, 금식, 재혼 금지, 순교 권장 등 엄격한 도덕 규범을 강조하였다. 초대교회는 이러한 주장을 이단으로 규정했지만, 유명한 교부 터툴리안(Tertullian)은 말년에 몬타누스주의에 공감하며 이를 수용하였다.
— 편집자 주

[34] 동·서방 교회의 분열(1054년 대분열)은 역사적·문화적 긴장 위에 교리적, 권위적 갈등이 겹치며 발생하였다. 주요 쟁점은 다음과 같다. ① 필리오케(Filioque) 논쟁: 서방교회는 성령이 성부와 성자에게서 나온다고 주장하며, 니케아-콘스탄티노폴리스 신경에 Filioque("그리고 아들로부터") 문구를 추가하였다. 이에 동방교회는 성령은 오직 성부로부터 나온다고 고백하며, 신조의 일방적 변경에 강하게 반대하였다. ② 교황권: 서방

교회는 교황을 보편 교회의 최고 권위자로 주장하였으나, 동방교회는 교황은 단지 서방의 주교일 뿐이며, 주교 협의체(공의회) 중심의 교회 운영을 강조하였다. ③ 성찬식의 빵 사용: 서방교회는 무교병(누룩 없는 빵)을, 동방교회는 유교병(누룩 있는 빵)을 사용하였다. 이는 예수의 최후의 만찬 해석에 따른 차이에서 기인하였다. ④ 성직자 결혼: 서방교회는 성직자의 독신 의무를 강조한 반면, 동방교회는 사제는 결혼이 가능하되, 주교는 독신을 유지해야 한다고 보았다. - 편집자 주

35 경건주의 운동(Pietism)은 17세기 말 독일 루터교회 내에서 일어난 영적 갱신 운동으로, 형식적이고 교리 중심이던 신앙에서 벗어나 개인의 회심, 성서 중심의 삶, 실천적 경건을 강조하였다. 대표 인물인 필리프 야코프 슈페너는 저서 《경건한 소원(Pia Desideria)》에서 경건 모임의 활성화와 삶의 실제적 변화를 제안하였고, 아우구스트 헤르만 프랑케는 교육과 구제 활동을 통해 이를 구체적으로 실천하였다. 이 운동은 이후 감리교 운동, 복음주의 운동, 그리고 현대 선교 운동에도 깊은 영향을 미쳤다.
- 편집자 주

와 아들에게서 나온다고 진술했다. "필리오케 논쟁(The Filioque Controversy)"으로 일컫는 이 논쟁은 결국 1054년 동·서방교회가 분열되는 교리적 원인이 되었다. 물론 그 이면에는 정치적, 문화적 갈등이 깊숙이 개입되어 있음에도 불구하고 분리의 직접적 원인이 바로 성령론에 있었다는 것은 성령론이 그 중요성에 비하여 연구가 미흡했음을 의미한다.

종교개혁을 거치면서 성령론은 성찬 이해(영적 임재설)나 교회론을 진술하는 보조적 개념으로 활용되었다. 종교개혁자들에게 있어서 가톨릭 교회론과 맞서기 위해 고안된 것이 바로 '교회란 성령의 임재가 있는 곳'이란 개념이었다. 이렇듯 성령론은 신학의 중심을 차지하지 못하였다. 성령은 하나님과 동등한 분이시면서도 언제나 핵심적 위치를 확보하기보다는 보혜사 혹은 아버지와 아들에게서 나오는 영으로 인식되었고 성부와 성자의 보조적 사역을 하는 것으로 인식되었다. 이러한 경향은 경건주의 운동**35**이 일어나기 전까지 지속되었다. 경건주의자들은 성령을 성화와 관련하여 이해하였고, 그리스도인의 거룩한 삶을 위한 중요한 능력으로 인식하였다.

이후에 웨슬리에 의해 전개된 대각성 운동은 성령에 대한 새로운 가능성을 열었다. 이제까지의 성령 운동이 이단 혹은 이단의 가능성이 있는 신비주의로 취급되던 위험한 영역에서 정통신앙으로 인식되는 변화가 새롭게 움텄다. 18세기에 이르러 오순절 운동이 전개되면서 성령론은 새로운 전기를 맞이하였다. 그러나 성령 체험, 성령 충만, 성령 세례 등의 용

어가 지나치게 강조되면서 이단 시비를 불러일으킨 점은 매우 아쉽다. 이들은 성령 임재의 표상을 방언으로 규정하였고, 더 나아가서 방언을 구원과 관련된 사건으로 보았다. 부언하면, 성령 세례의 증거를 방언으로 규정하고 방언을 받지 못하면 성령을 받지 못한 것이며 더불어서 구원받지 못했다고 주장했다. 이러한 주장으로 인하여 초기의 오순절주의자들에 의해 성령론은 또 한 번의 위기를 맞았지만, 다행스럽게도 현재 신오순절주의자로 불리는 그룹에 의해 수정이 가해졌다.

한국 교회들은 교파를 초월해서 성령 운동을 활발하게 전개하였다. 아마도 한국 교회처럼 성령 운동이 활발하게 전개된 예도 찾아보기 힘들 것이다. 그러나 한국 교회들은 통성기도, 방언, 치유, 예언 등의 은사에 치중하면서 건강한 성령 운동을 전개하는 데 많은 문제를 내포하고 있다는 평가를 받고 있다. 이런 점에서 현대 한국 교회는 성령론을 원점에서 재검토해야 하는 과제를 안고 있다. 즉, 사도 전통으로 성령론을 재구성해야만 하는 상황에 직면하였다.

3. 사도 전통으로 본 성령론

성령론을 사도 전통으로 탐구하기는 쉽지 않은 작업이다. 그 이유는 전술한 바와 같이 성령론에 대한 이론적 토대가 미약하기 때문이다. 그런데도 사도 전통으로 성령론을 재구성하는 것은 매우 의미 있는 일이다. 왜냐하면 사도 시대의 성령론은 다른 이론들에 비해서 더욱 현장 중심적이며 목회적이고 실천적 의미를 지니기 때문이다. 따라서 성령론에 대한 탐구는 사도 시대의 목회 현장에 대하여 좀 더 깊이 이해할 수 있는 기회를 제공하게 될 것이다.

1) 아버지와 아들의 영

성령이 아버지와 아들의 영이라는 개념은 아버지와 아들이 동일본질이라는 중요한 개념을 시사하고 있다. 이러한 이해가 삼위일체론의 이론적 근거가 되기도 한다. 사도들은 성령론을 통해서 아버지와 아들의 본질적 일치를 주장했다. 이것은 아들을 통해서 경험한 아버지 하나님에 대한 고백임과 동시에 성령을 통해서 아버지의 현현(顯現)을 실증하려는 시도이기도 하였다. 부연하면, 사도들의 성령론은 구원의 현장이며 전도의 현장이고 예수가 하나님이라는 사실을 증언하는 현장에서 나타나는 능력이었다. 마태와 요한 그리고 바울은 이렇게 증언하고 있다.

> 말하는 이는 너희가 아니라 너희 속에서 말씀하시는 이 곧 너희 아버지의 성령이시니라 (마 10:20)

> 내가 아버지께로부터 너희에게 보낼 보혜사 곧 아버지께로부터 나오시는 진리의 성령이 오실 때에 그가 나를 증언하실 것이요 (요 15:26)

> 보혜사 곧 아버지께서 내 이름으로 보내실 성령 그가 너희에게 모든 것을 가르치고 내가 너희에게 말한 모든 것

을 생각나게 하리라 (요 14:26)

이 말씀을 하시고 그들을 향하사 숨을 내쉬며 이르시되 성령을 받으라 (요 20:22)

이것이 너희의 간구와 예수 그리스도의 성령의 도우심으로 나를 구원에 이르게 할 줄 아는 고로 (빌 1:19)

위 구절들을 분석해 보면, 성령을 "아버지의 성령(마 10:20), 예수 그리스도의 성령(빌 1:19)"으로 표현하고 있다. 이 증언들에 따르면 성령은 아버지의 영과 아들의 영이다. 즉 아버지와 아들은 동일한 영을 소유한 동일한 존재다. 또한 아버지와 아들이 동일한 존재인 것처럼 아버지와 아들의 영인 성령 또한 동일한 존재다.

성령에 대한 사도 시대의 또 하나의 중요한 고백은 "보혜사(요 14:26)"로 묘사된 성령이다. 성령은 보혜사로서 언제나 우리와 함께하시며 우리를 돕고 계신다. 아버지와 아들의 영이신 성령이 우리의 삶의 현장에 현현하고 있다.

이렇듯 사도 전통에서 발견되는 성령에 대한 이해는 성부와 성자가 우리의 삶에 참여함을 증거로 제시하는 도구다. 다시 말해서, 사도들은 성령을 통해서 현장성을 확보하고 있었으며 성령을 통하여 목회 현장에서 생명력과 구원의 경험이 나눠지고 있음을 증거하고 있다.

2) 치유와 생명의 영

성령의 현장성은 치유와 생명의 역사를 경험할 때 더욱 구체화된다. 성령은 예수를 주로 시인하게 하는 역할을 하고 각 사람에게 필요한 은사를 수여하며 하나님의 자녀들을 위한 중보 기도를 마다하지 않으신다. 사도들의 성령론은 철저하게 목회 현장에서 치유와 생명을 가능하게 하는 보혜사다.

> 그러므로 내가 너희에게 알리노니 하나님의 영으로 말하는 자는 누구든지 예수를 저주할 자라 하지 아니하고 또 성령으로 아니하고는 누구든지 예수를 주시라 할 수 없느니라 (고전 12:3)

> 다른 사람에게는 같은 성령으로 믿음을, 어떤 사람에게는 한 성령으로 병 고치는 은사를 (고전 12:9)

> 이와 같이 성령도 우리의 연약함을 도우시나니 우리는 마땅히 기도할 바를 알지 못하나 오직 성령이 말할 수 없는 탄식으로 우리를 위하여 친히 간구하시느니라 (롬 8:26)

> 내 말과 내 전도함이 설득력 있는 지혜의 말로 하지 아니하고 다만 성령의 나타나심과 능력으로 하여 (고전 2:4)

위 증언들은 철저하게 성령의 사역이 현장에 있음을 증거하고 있다. 믿음의 고백, 은사와 중보기도를 통하여 우리의 삶에 깊숙이 개입하고 있는 성령에 대한 증언이다. 동시에 전도 역시 "성령의 나타남"으로 인식하고 있다. 다시 말하면, 전도는 인간의 변증 능력에 있지 않고 성령의 나타남에 있다. 전도에 대한 사도들의 이러한 인식은 당시에 성행하던 수사학[36]적(修辭學的) 관점에서 보면 매우 이상한 논리였을 것이다. 그런데도 사도들은 전도의 열매가 성령의 활동에 있음을 고백하고 있다. 그러므로 사도들에 의해 성령은 전도의 현장을 지휘하는 분이며 전도자에게 필요한 은사를 수여하고 영생을 확신하게 하는 분으로 묘사되었다. 이 믿음이 사도들을 더욱 생생한 성령 체험 현장으로 이끌며 치유와 생명의 영으로 충만하도록 도왔다. 그러므로 사도들은 자신들의 목회 현장이 언제나 성령의 역사에 의존하고 있음을 고백하고 있다. 즉 성부와 성자에 대한 이론적 토대 위에 실제적인 성령의 역사가 융합되어서 목회 현장이 풍부한 열매들로 가득 차 있음을 증언하고 있다.

이처럼 성령은 현장성을 확보하면서 이론적 논거보다는 현장에서 경험을 통하여 경험적, 실증적 신앙을 가능하게 한다. 이것이 사도들이 증언한 성령론의 핵심이다.

3) 인격적인 영

성령을 인격적인 영으로 고백하는 이유는 성령을 하나의 힘(power)이나 능력의 도구로 인식하지 않았다는 것을 의미한다. 인격적 존재란 지적 능력과 도덕적 능력을 갖춘 자율적 존재를 의미한다. 따라서 성

---

[36] 수사학(修辭學, Rhetoric)은 말과 글로 사람을 설득하는 기술을 연구하는 학문이다. 고대 그리스에서 시작된 이래 철학, 정치, 교육, 설교 등 다양한 분야에 깊은 영향을 미쳤다. 아리스토텔레스는 설득의 핵심을 다음과 같은 세 가지 요소로 제시했다. 첫째, 에토스(Ethos)는 말하는 이의 인격과 신뢰성을 나타내고, 둘째, 로고스(Logos)는 논리적인 설득을 의미하며, 셋째, 파토스(Pathos)는 청중의 감정에 호소하는 것을 뜻한다. 수사학은 고대 철학자들에 의해 체계화되었으며, 중세 신학과 설교를 거쳐 현대 정치 및 커뮤니케이션 분야에 이르기까지 폭넓게 활용되고 있다.

- 편집자 주

령을 인격적인 영으로 고백하면 성부와 성자의 부속물이 아니라 독립적 존재로 인식한다. 또한 그리스도인들을 그리스도의 장성한 분량까지 성숙시키는 존재로 인식한다.

> 이와 같이 성령도 우리의 연약함을 도우시나니 우리는 마땅히 기도할 바를 알지 못하나 오직 성령이 말할 수 없는 탄식으로 우리를 위하여 친히 간구하시느니라
> (롬 8:26)

위 구절을 분석해 보면, 성령은 우리의 약함을 도우시는 분이며 우리가 미처 알지 못하고 구하지 못하는 것에 대하여도 우리를 대신하여 기도하며 우리를 위해 간구하는 분이다. 이것은 성령이 단순히 기적을 일으키는 존재로 한정되지 않고 있음을 의미한다. 또한 그리스도인의 신앙 성장과 함께 인격적 성숙을 주관하고 있음을 내포한다. 결론적으로 이러한 진술은 성령이 인격적인 영임을 증언한다.

이렇듯 사도들은 성령을 통해 도움을 받고 성령과 대화하며 성령을 통해 신앙의 성숙과 인격의 성숙을 경험하였다. 또한 성부, 성자 하나님과의 친밀함을 회복하고 유지하였다. 사도들의 삶의 현장에는 언제나 성령이 함께하고 있음을 증언하고 있다.

4. 맺음말

성령을 단순하게 능력이나 힘으로 인식하는 것은 매우 슬픈 일이다. 특히, 한국교회의 목회 현장에서 매

우 빈번하게 발견되고 있는 것 중 하나가 성령을 성부, 성자의 부속물 혹은 하나의 힘으로 인식하는 경향이다. 물론, 교리적 고백은 인격적인 성령과 함께 삼위일체로서의 성령을 고백하고 있지만, 실질적인 목회 현장에서 나타난 사실은 하나의 힘으로 인식하는 경향들을 보인다. 이것은 사도 전통이 아니다. 사도 전통에서의 성령은 철저하게 목회 현장에서 증거되는 실증적인 하나님이며 동시에 인격적인 영이다. 그리고 치유와 생명의 영이다.

사도 전통에서 성령론은 이론적인 탐구 대상이 아니라 삶과 목회 현장에서 언제나 경험할 수 있는 아버지와 아들의 영이다. 아마도 이것이 성령론에 관한 이론적 연구가 빈약하게 된 동기라고 생각한다.

사도 전통으로 성령론을 재구성할 때 중요한 것은 이론적으로 논리를 전개하기보다 삶의 현장에서 경험하는 것이 사도 전통으로 재구성한 성령론의 참된 의미다.

제6장
신앙론: 신앙과 행위의 관계

1. 들어가는 말

이 글은 신앙론에 대한 다양한 주장들을 검토하고 사도 전통이 지향하는 신앙론을 탐구하려는 목적을 띠고 있다. 신앙이란 무엇인가? 이 질문은 매우 단순하지만, 명쾌한 답변을 찾는 것은 생각보다 쉽지 않다. 그 이유는 신앙의 대상이나 결과에 대한 난해함 때문이 아니라 신앙을 규정하는 방법의 다양성 때문이다. 특히 현대에 와서 과학적, 합리적 이해로 신앙을 규정하려는 경향이 나타나면서 그에 대한 답변은 더욱 궁색해질 수밖에 없다.

이러한 정황 속에서 사도 전통을 근간으로 하는 신앙론을 모색하는 것은 신앙의 본질을 회복할 기회를 제공할 것이다.

2. 신앙론의 쟁점들

신앙론에 대한 논쟁은 초대교회부터 이미 시작되었다. 이것은 신앙론에 대한 문제가 상당히 중요한 논쟁거리였음을 의미한다. 야고보서는 이 논쟁의 와중에서 신앙론에 대한 사도들의 분명하고도 중요한 원칙을 내포하고 있다. 로마서가 구원론을 집중적으로 다루고 있다면 야고보서는 신앙론을 다루고 있다.

> 이와 같이 행함이 없는 믿음은 그 자체가 죽은 것이라 (약 2:17)

위 성구에서 주어는 '믿음'이다. 행함은 믿음을 설명하기 위한 보조적인 단어로 사용되었다. 그러므로 야고보서의 핵심은 신앙에 관한 것이다. 즉 야고보서는 신앙론에 관해 설명하는 매우 탁월한 성서다. 야고보서가 증언하는 신앙은 행함을 동반한다. 그러나 이러한 증언이 종교개혁자들, 특히 루터에 의해 구원론적 관점에서 해석되어 행위 구원이라는 오해를 갖게 함으로써 야고보서에서 말하고 있는 행함의 중요성은 상대적으로 약화하였다.

신앙과 행위 논쟁은 펠라기우스(Pelagius)[37]와 아우구스티누스(Aurelius Augustinus)[38]에 의해 첨예하게 전개되었다. 펠라기우스는 영국의 켈트 전통 배경을 가진 법률가며 수사(修士)다. 상당히 엄격한 윤리적 전통을 가진 켈트 전통에 익숙했던 펠라기우스는 로마 기독교인들의 도덕적 태만을 비판하고 금욕을 위한 결단을 촉구했다. 그러나 그 과정에서 인간에 대한 책임을 지나치게 강조하게 되었고 결국 행위 구원론 이단으로 정죄되었다. 특히, 아우구스티누스의 고백록(Confessions)에 나타난 은총 교리를 비판함으로써 신앙을 행위에 근거한 것으로 만들었다. 다

37 펠라기우스(Pelagius)는 4-5세기에 활동한 영국 출신 신학자로, 인간의 자유의지와 도덕적 책임을 강조하였다. 그는 인간이 원죄 없이 태어나며, 하나님의 은혜 없이도 스스로 선을 선택할 수 있다고 주장하였다. 이에 대해 아우구스티누스는 인간의 원죄와 하나님의 은혜의 절대성을 강조하며 강하게 반박하였고, 결국 펠라기우스주의는 431년 에페소스 공의회에서 이단으로 정죄되었다. - 편집자 주

38 아우구스티누스(354-430)는 초기 교회의 대표적인 교부로, 원죄, 은혜, 예정을 강조하며 서방 신학의 기초를 세운 인물이다. 그는 펠라기우스와의 논쟁을 통해 인간의 전적 타락과 하나님의 은혜 없이는 구원이 불가능하다는 점을 강력히 주장하였다. 저서로는 《고백록》과 《하나님의 도성》이 있다. - 편집자 주

시 말하면, "은총에 의한 신앙"이라는 아우구스티누스의 신앙론과 정면으로 맞서면서 "인간의 행위에 의한 신앙"이라는 개념을 주장하였다. 이것이 행위 구원이라는 결론에 이르게 되면서 펠라기우스는 이단으로 정죄되었고 아우구스티누스의 은총 교리가 정통교리로 인정받았다. 그러나 아우구스티누스의 가르침을 이어받은 가톨릭교회는 속죄론 논쟁을 거치면서 다시 선한 행위를 강조하며 은총교리를 약화시켰다.

종교개혁자들은 "오직 은혜(Sola Gratia), 오직 신앙(Sola Fide)"이라는 정식(正式)으로 행위 구원론을 차단하였다. 종교개혁자들은 가톨릭의 행위 구원 사상을 비판하면서 이신칭의에 의한 구원론을 주장하였는데 이것은 신앙론을 아우구스티누스 전통으로 해석하려는 시도였다고 볼 수 있다. 그런데도 종교개혁자의 후예들에게 신앙과 행위의 문제는 여전히 풀리지 않은 숙제로 남아있었다.

근대주의가 발전하면서 쉴라이에르마허(Friedrich Schleiermacher)³⁹에 의해 근대적 신앙론이 대두되었다. 그것은 절대 의존 감정에 의한 신(神)인식이었으며 보편성에 의한 윤리적 차원을 지닌다. 다시 말하면 보편성과 함께 직관적 영역으로서의 신앙론이 전개되었다. 동시에 윤리적 가치로 전환된 신앙론이 대두되었다. 이러한 신앙론에 반(反)하여 근본주의 진영에서는 개인적이며 은총에 의한 신앙만을 강조하면서 윤리와의 관련성을 최소화하였다. 쉴라이에르마허의 신앙론은 결국 삼위일체론을 비롯하여 기

---

39 쉴라이에르마허(Friedrich Schleiermacher, 1768-1834)는 현대 자유주의 신학의 아버지로 불리는 독일의 신학자이자 철학자이다. 그는 종교를 이성과 교리보다 개인의 내면적 체험, 곧 "절대 의존의 감정"으로 정의하였다. 이에 따라 신앙은 하나님과의 주관적 관계이며, 예수를 완전한 하나님 의식을 지닌 인간으로 이해하였다. 그의 사상은 전통 교리를 새롭게 해석하려는 자유주의 신학의 출발점이 되었으며, 이후 개인의 경험과 도덕성을 중시하는 신학적 흐름에 큰 영향을 주었다. - 편집자 주

독교 신앙의 근간을 부인함으로 환영받지 못하였으나 근본주의 진영의 신앙론 역시 사회적, 윤리적 책임을 소홀히 하게 되므로 많은 문제를 내포하였다. 오늘날 신앙론은 다시 중요한 논쟁거리가 되고 있다. 그 이유는 근본주의의 영향으로 인하여 기독교적 윤리 가치가 상실되었다고 평가하기 때문이다. 사회적 영향력과 교회 출석 인원 감소의 원인을 분석한 결과 삶의 문제, 즉 윤리의 문제가 핵심임을 발견했다. 그러므로 현대적인 신앙론의 문제는 믿음과 행위의 관련성에 집중된다. 이것은 초대교회의 신앙론 논쟁이 재현되고 있는 것과 같다. 따라서 사도 전통으로 신앙론을 재구성하려는 것은 시대적 요청임과 동시에 현시대의 기독교가 풀어야 할 숙제인 셈이다.

3. 사도 전통으로 본 신앙론

사도 전통에서 말하는 신앙론은 구약의 율법과 밀접한 관련성을 띠면서 제시되었다. 즉 율법을 준수하므로 칭의가 가능하다는 구약적 개념에 대항하여 율법 준수가 아니라 신앙에 의한 칭의를 주장하므로 주요 논쟁점을 형성하게 되었다. 사도 전통으로 신앙론을 재구성하고자 할 때, 필연적으로 구약적 개념인 율법 준수와 관련하여 전개될 수밖에 없다. 그러므로 구원의 통로는 율법 준수, 즉 행위가 아니라 오직 신앙이지만, 동시에 인간의 책임적 반응 역시 매우 중요한 도구로써 신앙에 포함된 행위라는 개념을 포함한다.

1) 구원의 통로로서의 신앙

신앙론은 구원론과 밀접하게 연결되어 있다. 이 말은 당시 유대인들의 구원론과는 매우 큰 차이점을 지니고 있음을 의미한다. 유대인들은 율법을 준수하므로 구원받을 수 있다는 행위 구원론을 주장하고 있었다. 여기에 반하여 사도들은 "의인은 없나니 하나도 없다"라는 말씀처럼 율법의 행위에 따라 구원받을 수 있는 사람이 없음을 천명하였다.

> 그러므로 율법의 행위로 그의 앞에 의롭다 하심을 얻을 육체가 없나니 율법으로는 죄를 깨달음이니라 (롬 3:20)

> 내가 하나님의 은혜를 폐하지 아니하노니 만일 의롭게 되는 것이 율법으로 말미암으면 그리스도께서 헛되이 죽으셨느니라 (갈 2:21)

더 나아가서 율법으로 의롭게 된다면 그것은 그리스도의 대속적 죽음을 부인하는 것으로 인식하였다. 이러한 인식은 칭의의 원인을 행위가 아닌 믿음으로 보게 하는 결정적 작용을 한다. 사실, 십자가 사건이 행위 구원론에서 신앙 구원론으로 방향을 선회하게 하는 매우 중요한 근거다.

> 복음에는 하나님의 의가 나타나서 믿음으로 믿음에 이르게 하나니 기록된 바 오직 의인은 믿음으로 말미암아 살리라 함과 같으니라 (롬 1:17)

이 말씀은 신앙의 개념을 재정립할 기회를 제공한다. 즉 신앙을 구원의 통로로 인식하게 되는 결정적 이유를 제공한다. 따라서 율법을 준수함으로 구원받을 수 있다는 유대적 개념을 버리고 신앙에 의해 구원받을 수 있다는 개념을 정립하게 된 근거 중 하나다. 이렇듯 사도 전통은 구원의 통로를 오직 신앙뿐이라고 인식하면서 신앙만이 칭의의 결정적 원인이 되고 있음을 천명한다. 이것이 구약적 신앙 개념에 의한 구원론과의 결정적 차이점이다. 그뿐 아니라 신앙 구원론은 역사상의 모든 정통 기독교가 간직했던 교리이기도 하다. 기독교는 이러한 신앙 구원론의 바탕 위에서 전개되었고 발전되어 왔다.

2) 선행적 선택과 책임적 반응으로서의 신앙

신앙의 원인은 무엇인가? 이것에 대한 논쟁은 인간의 선택 능력과 관련되어 있다. 인간은 선택의 능력이 있는가? 만약 인간에게 선택의 능력이 있다면 행위 구원론에 빠질 위험을 안게 된다. 그래서 신앙에 있어서 인간의 선택 능력에 관한 질문은 행위 구원론과 신앙 구원론 중 어느 것이 옳은지를 결정할 수 있는 매우 중요한 요소다. 이 질문에 대하여 사도들은 두 가지 양상의 답을 하고 있다. 그것은 하나님의 선행적 선택과 함께 그 선택에 반응해야 하는 인간의 책임에 관한 것이다.

> 너희가 나를 택한 것이 아니요 내가 너희를 택하여 세웠나니 이는 너희로 가서 열매를 맺게 하고 또 너희 열매가

항상 있게 하여 내 이름으로 아버지께 무엇을 구하든지 다 받게 하려 함이라 (요 15:16)

위 구절을 분석해 보면, 신앙은 하나님의 은총에 의해 하나님께서 먼저 선택하신 결과임을 알 수 있다. 또한 인간들은 그 선택에 대한 반응으로써 열매를 맺어야 하는 책임을 져야 한다.

이렇듯 사도들에게는 하나님의 선행적 선택과 함께 인간의 책임이 매우 중요하다. 그러나 이 문제는 종교개혁 이후에 전혀 다른 양상으로 전개되었다. 칼뱅은 인간의 전적인 타락을 강조[40]하면서 인간의 책임을 약화하였고 웨슬리는 자유의지를 강조하면서 인간의 책임을 지나치게 강화하였다. 물론, 웨슬리가 주장하는 자유의지는 선행 은총[41]의 결과다. 그런데도 선행 은총에 의한 자유의지는 인간의 책임을 지나치게 강조함으로 "반(半) 펠라기우스(semi-Pelagius) 주의"라는 비판에 직면하였다.

그러므로 선행적 선택과 함께 인간의 책임에 대한 균형 감각이 필요하다. 인간의 구원은 전적으로 하나님의 선택과 은혜의 선물로 주어진 결과지만, 그 선물을 거절하므로 발생한 결과는 인간에게 책임이 있다는 균형성이 중요하다. 이 균형성이 사도 전통에서 발견할 수 있는 신앙론의 핵심이다. 부연하면 사도 전통에서 본 신앙은 하나님의 선행적 선택에 대한 인간의 책임적 응답이다. 그러므로 인간의 선택은 하나님의 은총 안에서 부여된 선물이다. 즉 인간의 공로가 아니라 하나님의 은혜의 선물이다.

---

[40] 칼뱅주의 5대 교리(5 Points of Calvinism)는 17세기 네덜란드 도르트 회의(Dort, 1618-1619)에서 알미니우스주의에 대한 반박으로 정리된 개혁주의 구원론의 핵심 요약이다. 영어 단어의 앞 글자를 따서 TULIP이라는 약어로 흔히 불린다. ① 전적 타락(Total Depravity): 인간은 아담의 타락 이후 전적으로 부패하여, 스스로 하나님을 찾거나 구원받을 수 없는 상태에 있다. ② 무조건적 선택(Unconditional Election): 하나님은 사람의 조건이나 공로와는 무관하게, 오직 자신의 뜻과 은혜에 따라 구원받을 자를 선택하신다. ③ 제한 속죄(Limited Atonement): 예수 그리스도의 십자가 죽음은 모든 인류가 아닌, 택함받은 자들만을 위한 구속이었다. ④ 불가항력적 은혜(Irresistible Grace): 하나님의 은혜는 택자에게 반드시 역사하며, 인간이 거부할 수 없을 만큼 강력하게 작용한다. ⑤ 성도의 견인(Perseverance of the Saints): 한 번 구원받은 성도는 끝까지 믿음을 지키도록 하나님께서 보호하시며, 그 구원은 결코 취소되지 않는다.
— 편집자 주

[41] 웨슬리의 선행은총론(Prevenient Grace)은 존 웨슬리

3) 행위를 포함한 신앙

이제 행위와 신앙의 관계를 밝혀야 할 시점이다. 행위와 신앙의 관계를 정립하면, 사도 전통으로 재조명해야 하는 당위성을 발견할 수 있다. 과연 신앙은 행위인가? 아니면 행위와 무관한가? 또한 인간의 선택에 대한 책임적 반응은 무엇을 의미하는가? 이런 질문들에 대한 답을 찾고자 할 때 행위를 포함한 신앙이라는 명제는 매우 유용한 이해 방식이다. 왜냐하면 행위와 신앙의 관계에 있어서 행위를 포함한 신앙이라는 개념은 행위 밖의 신앙이 존재함을 의미하는 것이며 동시에 신앙은 그 자체가 행위를 내포하고 있음을 의미하기 때문이다. 행위를 포함한 신앙이란 개념은 신앙과 행위의 관계에 있어서 신앙이 곧 행위라고 단정할 수는 없지만, 행위와 무관하다고 볼 수도 없다는 것을 전제로 한다. 바울과 야고보는 다음과 같이 증언하고 있다.

> 그런즉 우리가 믿음으로 말미암아 율법을 파기하느냐 그럴 수 없느니라 도리어 율법을 굳게 세우느니라
>
> (롬 3:31)

> 우리 조상 아브라함이 그 아들 이삭을 제단에 바칠 때에 행함으로 의롭다 하심을 받은 것이 아니냐 (약 2:21)

> 만일 아브라함이 행위로써 의롭다 하심을 받았으면 자랑할 것이 있으려니와 하나님 앞에서는 없느니라
>
> (롬 4:2)

(John Wesley)가 강조한 하나님의 구원 사역의 출발점으로, 인간이 하나님을 찾기도 전에 먼저 찾아오시는 하나님의 은혜를 의미한다. 핵심 내용은 다음과 같다. ① 타락한 인간은 스스로 하나님을 찾을 수 없지만, 하나님은 먼저 은혜로 인간의 마음을 일깨우시고, 회개와 믿음의 가능성을 열어주신다. ② 이 은총은 모든 사람에게 보편적으로 주어지며, 누구든지 복음에 응답할 자유의지를 회복하게 한다. ③ 웨슬리는 이를 통해 전적 타락을 인정하면서도, 강제적 예정론(칼뱅주의)과 달리 인간의 자유로운 응답을 강조한다. ④ 선행은총은 구원을 보장하는 은혜는 아니며, 복음에 반응하여 믿음으로 나아갈 때 비로소 완전한 구원에 이르게 된다. -편집자주

위 구절들을 분석해 보면, 행위와 신앙의 관계를 더욱 명확하게 파악할 수 있다. 신앙은 율법이라는 행위와 무관하지 않으며 오히려 율법을 굳게 세우는 역할을 하고 있고(롬 3:31), 행함을 포함한 신앙만이 칭의를 가능하게 하며(롬 2:21), 동시에 신앙 안에 있는 행위만이 유효하다(롬 4:2). 그러므로 "행함이 없는 믿음은 죽은 믿음(약 2:17)"이라는 야고보의 증언은 "행함을 추구하지 않는 믿음(신앙)은 죽은 믿음(신앙)"이라는 신학적인 해석이 필요하게 된다.

4. 맺음말

종교개혁 이후에 행위와 신앙의 관계는 상당히 많은 논쟁을 하였음에도 불구하고 명쾌한 결론을 내리지 못하고 있다. 그러므로 사도 전통으로 신앙론을 재검토하는 작업은 매우 유의미한 일이다.

사도 전통으로 신앙론을 재검토해 보았을 때, 신앙과 행위의 관계는 상호 보완적 의미를 지니지만, 행위 밖의 신앙이 존재한다는 점에서 반드시 보완적 의미를 지닌다고 볼 수는 없다. 인간에게 있어서 구원의 통로는 행위가 아니라 신앙이다. 그러나 하나님의 선택에 대한 인간의 책임적 응답이라는 관점으로 볼 때 행위는 중요한 응답의 수단이다. 그러므로 행위는 결코 무시할 수 없는 신앙의 요소다. 더 나아가서 행위는 신앙 안에 포함된 신앙의 요소지만, 행위가 신앙 그 자체는 아니라는 점 또한 매우 중요하다.

정리하자면, 신앙과 행위의 관계는 '신앙 안에 포함

된 행위'라는 개념으로 정리할 수 있으며 동시에 신앙은 본질적으로 행위를 추구한다. 이것이 사도 전통이 전해주는 신앙론이다. 부연하면 행위는 그 자체로써 효력을 가지고 있지 않다. 단지 신앙의 표현 방법일 뿐이다. 사도 전통에서 말하는 구원은 오직 신앙에 의해서만 가능하며 행위는 단지 신앙의 한 요소임을 밝히고 있다. 그러나 행위를 내포하지 않은 신앙 역시 그 가치를 상실한다. 그러므로 사도 전통으로 재구성한 신앙론은 '행위 밖의 신앙, 즉 행위로 표현되지 않은 신앙이 존재할 수 있다는 가능성과 함께 신앙은 행위를 포함하고 있으면서 행위를 추구한다'라는 것을 중심으로 전개되었다고 볼 수 있다.

제7장
교회론: 에클레시아 교회론

1. 들어가는 말

교회란 무엇인가? 현존하는 교회들은 초대교회와 어느 정도의 동질성을 확보하고 있는가? 교회의 참된 모습은 무엇인가? 이런 질문들은 '교회란 무엇인가?'에 대한 다양한 논쟁을 불러일으켰다. 역사를 통하여 수많은 논쟁을 하였음에도 불구하고 여전히 교회다움을 회복해야 한다는 지적이 제기되고 있다는 점에서 참된 교회의 정체성을 탐구하는 작업은 계속되어야 한다. 한 가지 예를 들면, 현존하는 수많은 교회를 보면서 현대인들은 무슨 생각을 가장 먼저 할까? 교회가 그리스도와 관련된 기관이라면 마땅히 그리스도를 연상할 수 있어야 하지만 아마도 다수의 사람은 그리스도를 연상하지 못할 것이다. 그 이유는 교회가 본질을 충분히 담지(擔持)하지 못하고 있기 때문이다.

그러므로 사도 전통으로 교회의 참된 모습을 탐구하는 것은 매우 중요한 작업이다. 이 작업은 오늘날 분열과 온갖 스캔들(scandal) 탓에 고통당하는 한국 교회를 비롯하여 세계 교회에 교회의 참된 모습을 제공할 수 있는 계기가 될 것이다.

2. 교회론의 쟁점들

사도 시대에는 예수 그리스도와의 관련성 안에서 교회를 이해했다. 사도행전에 기록된 성령 강림의 역사를 경험한 사람들이 자연스럽게 모임을 형성하게 되면서 교회가 시작되었지만, 사도들은 그 기원을 예수의 가르침에 두고 있었다. 베드로의 고백에 대한 예수의 응답 형식으로 이뤄진 교회의 기원은 사도들에게 있어서 교회의 정당성 혹은 권위를 확보하는 중요한 요인이다. 또한 사도들은 교회의 본질을 "에클레시아"[42]라는 단어 안에서 설명하고자 하였다.

이러한 사도 전통이 2세기에 들어서 위기를 맞이하였다. 당시의 교회들은 극심한 핍박으로 인하여 비교(秘敎)의 형태를 띠고 있었으며 전문적인 훈련을 받은 목회자들이 부족함으로 인하여 교회의 본래 모습보다는 신비적이고 이단적인 요소가 함께 나타났다. 이때 키프리안(Cyprian)[43]을 비롯하여 당시의 감독들은 이단들을 솎아내는 일과 함께 '교회란 무엇인가?'에 대한 정의를 내려야만 하는 시대적 요청에 직면했다. 따라서 이들은 "감독이 없는 교회는 교회가 아니다"라고 주장하였으며, 더불어서 "교회 밖에는 구원이 없다"라는 주장을 하였다. 부연하면, 성서에 대한 올바른 지식이 없는 목회자에 의해서 지도를 받는 교회는 더 이상 교회라고 볼 수 없으며 더 나아가서 이런 교회에는 구원이 없다고 천명(闡明)

[42] 에클레시아(Ekklesia)는 신약성서에서 '교회'를 의미하는 헬라어로, 본래 "불러낸 사람들의 모임," 곧 회중 또는 공동체를 뜻한다. 고대 그리스어에서는 정치적 집회를 가리키는 말이었으나, 신약에서는 하나님께서 세상에서 불러내신 백성의 모임, 즉 믿는 자들의 공동체를 의미하는 용어로 사용된다. 신학적 의미에서 에클레시아는 단순한 건물이 아니라, 그리스도를 머리로 하는 성도의 공동체를 말한다. 이는 지역 교회(소지역 공동체)와 보편 교회(전체 믿는 자들의 공동체)를 모두 포괄한다. 에클레시아는 말씀과 성례 안에서 모여 예배하고, 주신 사명을 따라 세상으로 파송되는 공동체를 의미한다. - 편집자주

[43] 키프리안(Cyprian, 약 200-258년)은 북아프리카 카르타고의 주교이자 순교자로, 교회의 일치와 권위를 강조한 인물이다. 그는 "교회 밖에는 구원이 없다(Extra Ecclesiam nulla salus)"고 주장하며, 교회를 그리스도의 몸으로 보고 그 안에 속해야만 구원이 있다고 보았다. 또한 주교 중심의 교회 질서 확립과 교회 분열에 대한 반대를 강조했으며, 박해 시기 배교자 처리 문제와 순교의 의미에 대해서도 깊이 고민하였다. - 편집자주

44 도나투스 논쟁(Donatist Controversy)은 4세기 초 북아프리카에서 발생한, 교회의 거룩성과 성례의 유효성을 둘러싼 갈등으로, 도나투스파(Donatists)와 정통 교회(특히 아우구스티누스) 사이에 벌어진 신학적 논쟁이다. 이 논쟁의 배경은 로마 제국의 박해 시기(특히 디오클레티아누스 치하)로, 당시 일부 교회 지도자들이 성서를 넘겨주거나 신앙을 부인하는 등 배교 행위를 하였다. 박해가 끝난 후 이들이 다시 직분에 복귀하자, 도나투스파는 이들의 성례(세례, 성찬 등)를 무효로 간주하며 강하게 반발하였다. ① 도나투스파의 주장: 교회는 철저히 거룩해야 하며, 배교자나 부정한 성직자가 집례한 성례는 무효라고 주장하였다. 성례의 유효성은 집례자의 도덕성과 순결함에 달려 있다고 보았다. ② 정통 교회의 대응(특히 아우구스티누스): 성례는 집례자의 상태가 아니라 하나님의 은혜로 유효하다고 반박하였다. 교회는 의인과 죄인이 함께 있는 공동체(혼합체)로 이해되어야 하며, 완전한 거룩함은 종말에 이루어진다고 설명하였다. - 편집자 주

하였다. 이것은 당시의 시대적 배경으로 볼 때 불가피한 측면이었다. 따라서 교부 시대의 교회론은 감독 중심의 형태를 띠었다. 이것이 로마 가톨릭교회의 교회론으로 발전하면서 로마 감독, 즉 교황의 가르침 안에 있는 교회만을 참된 교회로 인정하는 것으로 변하였다.

교회론에 대한 좀 더 구체적인 논쟁은 도나투스(Donatus)와 아우구스티누스(Augustinus)에 의해 재점화되었는데**44**, 그것은 교회의 구성원에 대한 문제다. 도나투스는 배교자들이 다시 입교하는 것에 반대하면서 교회를 거룩한 사람들의 모임으로 규정하였다. 그러나 아우구스티누스는 죄인들과 의인들이 혼합된 곳으로 규정하였다. 마치, 병원과 같이 교회는 병자가 건강해지는 곳이며, 죄인들이 의인으로 변화되어 가는 곳으로 묘사하였다. 아우구스티누스의 교회론은 키프리안의 교회론과 융합되면서 가톨릭교회의 교회론을 형성하게 되는 근간이 되었다.

또한 그의 두 도성 이론에 의하여 신국(神國)으로서의 교회론이 대두하였다. 신국, 즉 하나님 나라와 교회를 일치시키는 것은 그 자체로써 매우 위험한 이론이다. 교회 자체를 하나님 나라로 인식하게 되면서 세상에 대한 지배권을 강화하는 방향으로 나타났기 때문이다. 신국론은 중세의 가톨릭교회에 의해 "우남상탐(Unam Sanctam, 거룩한 하나의 교회)" 교령으로 전이(轉移) 되었다. 우남상탐 교령은 교회가 세속의 권력까지 지배해야 한다는 논리로써 세속 군주들과의 권력다툼을 피할 수 없었으며 교회의 영향력이

미치는 범위에 대하여 논쟁하는 원인을 제공하였다. 종교개혁기를 거치면서 교회론은 또다시 논쟁의 중심이 되었다. 종교개혁자들은 성서에서 교회의 본질을 찾고자 하였으나 가톨릭교회가 성서보다 교황의 가르침을 우선하며 교황의 가르침을 거부하는 개신교회들을 교회로 인정하지 않았다. 이에 대하여 종교개혁자들은 교회의 정체성을 "성령의 임재가 있는 곳"으로 규정했다. 좀 더 구체적으로 말하면, 성령의 임재 안에서 올바른 말씀 선포와 성례전 시행 그리고 권징(權懲)이 있는 교회를 참된 교회로 규정했다. 이것은 두 가지 양상을 띠었는데, 첫째는 가시적 교회와 비가시적 교회**45**로 구별하는 것이었고, 둘째는 사도 전통에서 바라본 교회에 대한 탐구였다. 종교개혁자들의 교회론은 중세에 비하여 매우 중요한 진전을 이루었음에도 사도 전통을 온전히 회복하지 못했다는 아쉬움이 남는다.

교회론은 18세기에 이르러 환원운동**46**가들에 의해 매우 중요한 발전을 하였다. 그들은 사도 전통이 제시하는 교회를 회복하려는 열망으로 참된 교회의 모형을 초대교회에서 발견하려고 시도하였다. 필자는 이들의 교회론을 "그리스도인으로 구성된(그리스도인 교회) 그리스도의 교회로서 카리스마 공동체를 지향하는 교회"라고 정리하였다. **47** 환원운동가들은 교부 시대 이후로 변이(變異)되었던 사도 전통 교회론을 회복하고자 하는 탁월한 시도를 하였지만, 근원적인 탐구가 결여(缺如)되었다는 아쉬움이 남는다. 따라서 사도 전통으로 교회론을 재구성하는 것은 시대를

45 가시적 교회와 비가시적 교회 개념은 교회를 외형적 조직과 영적 실체로 구분해 이해하려는 신학적 구분이다. 이 개념은 특히 아우구스티누스와 종교개혁자들(루터, 칼뱅)에 의해 강조되었다. ① 가시적 교회(Visible Church): 외형적으로 존재하는 교회 공동체로, 지역 교회, 교단, 건물, 제도, 성례 등을 포함한다. 신자와 비신자가 함께 섞여 있으며, 눈에 보이는 구성원과 조직을 중심으로 구성된다. 말씀 선포와 성례 집행이 이루어지는 곳에 참된 교회가 존재한다고 본다. ② 비가시적 교회(Invisible Church): 하나님만 아시는 참된 신자들의 공동체이다. 겉으로는 드러나지 않지만, 성령으로 거듭나 믿음으로 구원받은 자들로 이루어진 교회이다. 이는 종말에 완전히 드러날 참된 그리스도의 몸으로 이해된다.

– 편집자주

46 환원운동(Restoration Movement)은 19세기 초 미국에서 시작된 기독교 개혁 운동으로, 교회를 초대교회의 본래 모습으로 회복하려는 데 목적이 있었다. 알렉산더 캠벨과 바톤 스톤이 대표적인 인물이다. 이 운동의 주요 특징은 다음과 같다. ① 성서 중심주의: 교리나 전통보다 오직 성서

에 근거한 신앙 강조. ② 교파 철폐: "그리스도인(Christian)"이라는 이름 아래 하나 된 교회 지향. ③ 초대교회 회복: 신약의 교회 모델을 따라 침례와 성찬을 중시. ④ 자율적 교회 운영: 각 교회의 독립성과 자율성 존중. 이 운동은 세 분파로 나뉘었다. ① 그리스도의 교회(Churches of Christ): 악기 없는 예배, 침례 필수 강조. ② 크리스천 교회/그리스도의 교회(Christian Churches/Churches of Christ): 악기 사용 허용, 자율적 운영. ③ 그리스도의 제자회(Christian Church, Disciples of Christ): 신학적 자유와 에큐메니컬 참여 지향. 현재 이들 교단은 미국과 한국을 비롯한 전 세계에서 활동 중이며, 환원운동은 오늘날에도 교회 일치와 개혁의 중요한 신앙적 기반으로 평가받고 있다. - 편집자주

47 황한호, 《교회 일치와 환원 운동》, 124-152.

초월하여 모두가 안고 있는 과제다.

3. 사도 전통으로 본 교회론

사도 전통으로 교회론을 탐구하고자 할 때, 가장 먼저 제기되어야 하는 질문은 "교회를 에클레시아(Ekklesia)"라는 단어로 표기한 사도들의 의도다. 구약의 전통을 따르면 카할(qahal, 부르다) 혹은 에다(edhah, 지명하다)로 표기해야 했고, 칠십인역의 전통을 따르면 수나고게(sunagoge, 회당)로 표기해야 했다. 물론, 헬라어로 번역되는 과정에서 "카할과 에다" 두 단어와 의미상 가장 유사한 단어를 선택한 결과로써 "에클레시아"라는 단어를 사용했다고 추측할 수 있지만, 이것만 가지고는 에클레시아라는 단어를 사용하게 된 충분한 설명이 되지 못한다. 그 이유는 에클레시아라는 단어가 주는 의미가 당시의 시대적 배경으로 볼 때 너무도 명확하면서도 고정되어 있었기 때문이다. 이렇게 볼 때, 사도들에 의해 이해된 교회는 카할이나 에다 혹은 수나고게라는 단어로는 표현할 수 없는 의미가 함축되어 있다고 본다. 번역의 과정을 거치면서 에클레시아는 영어의 처치(church)로 번역되었는데 처치는 "주께 속한"이란 의미의 퀴리아콘(kyriakon)에서 유래되었지만, 그 범례(範例)는 "주님이 계시는 장소 혹은 주님이 계시는 집"이란 의미로 더 널리 사용되었다. 이것이 "신전(神殿)"이라는 의미로 확대되었다. 신전의 의미로 변한 에클레시아가 한자 문화권과 접촉하면서 "가르칠 교(敎)와 모일 회(會)"를 사용하여 교회(敎會)로 번역

되었는데 이것의 의미는 "교(教)를 믿는 자들의 모임(會)"이다. 그러나 에클레시아의 본래적 의미를 담는 데는 많은 장애를 가지고 있다. 아마도 오늘날 교회론이 혼동되는 이유는 이렇듯 에클레시아라는 용어에 대한 부정확한 이해가 원인이 되고 있다고 본다. 이러한 이유로 하여 사도 전통으로 재구성한 교회론은 에클레시아라는 단어를 중심으로 살펴보아야 할 것이다.

1) 선택받은 사람들의 모임으로서의 그리스도인 공동체

에클레시아라는 말은 분명히 선택받는 것과 관련된 단어다. 마치, 국회의원에 입후보한 사람이 지역구민들에게 선택받아서 국회의원이 되는 것과 같은 의미다. 좀 더 정확히 표현하면, 많은 사람 중에 특별한 지위와 역할을 부여받기 위해 선택된 사람들을 의미한다. 그러므로 에클레시아는 특별한 지위와 역할 수행을 위해 하나님께 선택받은 사람들의 모임이라는 의미다. 사도 요한과 바울은 이렇게 증언하고 있다.

> 너희가 나를 택한 것이 아니요 내가 너희를 택하여 세웠나니 이는 너희로 가서 열매를 맺게 하고 또 너희 열매가 항상 있게 하여 내 이름으로 아버지께 무엇을 구하든지 다 받게 하려 함이라 (요 15:16)

> 이는 너희를 부르사 자기 나라와 영광에 이르게 하시는 하나님께 합당히 행하게 하려 함이라 (살전 2:12)

이렇듯 에클레시아는 대표성을 지닌 사람들에게 부여된 특별한 역할과 지위를 의미한다. 사도들이 에클레시아라는 단어를 사용하게 되었을 때, 당시의 그리스도인들에게 엄청난 자의식(自意識)을 심어주었을 것이다. 그것은 이스라엘의 선민의식과 비교해도 부족함이 없었을 것이며 더 나아가서 세상을 구원하기 위해 부름을 받았다는 자의식으로 발전되었을 것이다. 이렇게 볼 때, 오늘날의 교회는 무엇보다도 에클레시아로서의 자의식을 회복해야 한다.

2) 하나님의 뜻을 실현하는 기관으로서의 종말론적 공동체

에클레시아의 본래 의미는 교회가 아니라 민회(民會)였다. 귀족들로 이루어진 원로원, 군인들로 이루어진 병원회와 함께 시민들의 대표로 이루어진 로마의 중요한 의결기관이었다. 사도들이 교회를 지칭할 때 민회(民會, ekklesia)의 의미를 가진 에클레시아를 사용한 것은 교회의 구성과 함께 기능에 대한 이해가 함축되었기 때문이다. 다시 말하면, 구약의 카할이나 에다 그리고 칠십인역의 수나고게라는 의미로는 담을 수 없는 개념이 교회 안에 내포되어 있다. 이러한 사도들의 의식(意識)은 예수께서 "너희는 나를 누구라고 하느냐?"라는 질문을 하셨을 때, 베드로의 대답(마 16:16)을 통해서 충분하게 드러났다. 베드로의 대답에 예수께서는 이렇게 응답하셨다.

> 또 내가 네게 이르노니 너는 베드로라 내가 이 반석 위에 내 교회를 세우리니 음부의 권세가 이기지 못하리라 내

> 가 천국 열쇠를 네게 주리니 네가 땅에서 무엇이든지 매면 하늘에서도 매일 것이요 네가 땅에서 무엇이든지 풀면 하늘에서도 풀리리라 하시고 (마 16:18-19)

예수의 응답은 교회가 왜 민회라는 의미의 에클레시아를 사용해야 하는지를 가장 잘 표현해 준다. 에클레시아로서의 교회는 '하나님의 뜻을 이 땅에 실현하는 기관'이라는 의미. 다시 말하면, 에클레시아는 당시의 황제나 집권층에 의해 결의되었던 국가의 중대사를 포함한 세속의 중요한 결의 사항들이 실제로는 교회의 결의로 결정된다는 사실을 의식한 단어다. 물론, 그 결의는 예배를 통해서 하나님과 교통하며 교육을 통해서 더 심화하고 에클레시아 안에서 이루어지는 모든 회의를 통해서 확증된다. 이러한 사실은 주기도문을 통해서도 드러난다.

> 나라가 임하시오며 뜻이 하늘에서 이루어진 것 같이 땅에서도 이루어지이다 (마 6:10)

하나님의 나라가 임하며, 하나님의 뜻이 이루어지기를 기도하라는 예수의 가르침은 에클레시아의 의미와 깊은 연관성을 지닌다. 이러한 사실은 사도 전통의 교회론, 즉 에클레시아 교회론을 설명하는 가장 좋은 개념이다. 이렇게 볼 때, 현대의 교회들은 에클레시아의 기능을 회복하기 위한 거룩한 전투를 해야 한다.

3) 그리스도의 몸으로서의 카리스마 공동체

교회에 대한 비유적 표현으로써 가장 빈번하게 사용되는 단어는 몸 교회론이다. 몸 교회론은 한스 큉의 교회론 이후에 더욱 부각(浮刻)된 표현이지만 이것은 이미 사도 전통에서 중요하게 다루었던 교회론이다. 그런데도 한스 큉에 의해 몸 교회론이 새롭게 부각(浮刻)된 이유는 현대교회들이 몸 교회론을 제대로 인식하지 못하고 있었다는 것을 의미한다.

그리스도의 몸으로서의 교회는 철저하게 카리스마 공동체와 연관이 있다. 즉 각자의 은사를 자발적으로 발휘할 때, 몸 교회론이 설명될 수 있다. 베드로와 바울은 이렇게 증언했다.

> 각각 은사를 받은 대로 하나님의 여러 가지 은혜를 맡은 선한 청지기 같이 서로 봉사하라 (벧전 4:10)

> 그에게서 온 몸이 각 마디를 통하여 도움을 받음으로 연결되고 결합되어 각 지체의 분량대로 역사하여 그 몸을 자라게 하며 사랑 안에서 스스로 세우느니라 (엡 4:16)

에클레시아로서의 몸 교회론을 완성하는 필수적인 요소는 자발적 섬김이다. 그리고 섬김의 방법은 자신이 받은 은사를 활용하는 것이다. 은사를 자발적 섬김의 도구로 활용할 때, 그리스도의 몸은 온전해질 수 있다. 그러므로 에클레시아 교회론은 그리스도의 몸으로서 카리스마 공동체를 지향한다.

4. 맺음말

교회론을 사도 전통으로 재구성하고자 할 때, 가장 중요한 단어는 '에클레시아'다. 그 이유는 신약에 나타난 교회는 구약의 카할이나 에다 혹은 칠십인역의 수나고게 등으로 담아내기에는 부족한 면이 있기 때문이다. 또한 에클레시아의 독특한 구성과 역할 그리고 비유 때문이다.

에클레시아 교회론은 첫째, 선택받은 사람들의 모임으로서의 그리스도인 공동체며, 둘째, 하나님의 뜻을 실현하는 기관으로서의 종말론적 공동체고, 셋째, 그리스도의 몸으로서의 카리스마 공동체다.

현대교회들이 에클레시아 교회론을 회복할 때, 교회의 교회다움이 회복될 수 있으며 사도 전통을 온전히 회복할 수 있다고 감히 단언하고 싶다.

제8장
인간론: 하나님의 자녀로서의 인간

1. 들어가는 말

우리는 '인간다움'이란 말을 종종 사용한다. 그러나 인간다움이 무엇인지에 대한 설명은 관점에 따라서 상당한 차이가 있다. 지적인 면에서의 인간다움은 기본적인 지적 능력을 의미하며, 경제적인 면에서의 인간다움은 경제적 능력을 의미한다. 그런가 하면, 의학적인 면에서의 인간다움은 생명체를 유지할 수 있는 능력을 의미하고, 철학적인 면에서의 인간다움은 사유(思惟)의 능력과 관련이 있다.

인간다움에 대한 이해가 다양하게 전개된 이유는 인간에 대한 정의가 명쾌하지 않다는 것을 방증한다. 그런데도 인간에 대한 신학적 이해는 상대적으로 매우 명쾌하게 전개된다. 그 이유는 하나님의 피조물이라는 관련성 안에서 이해하고 있기 때문이다. 그러므로 이 글에서는 하나님과의 관련성 안에서 인간에 대한 탐구를 시도할 것이며 교리적 탐구를 넘어서 사도 전통으로 인간론을 재구성하는 목적을 가지고 인간론에 대한 탐구를 전개할 것이다.

2. 인간론의 쟁점들

인간론[48]의 쟁점 중 핵심적 논제는 인간의 선택 능력에 대한 것이다. 부연하면, 인간은 자유롭게 선을 선택할 수 없을 정도로 타락한 존재인가? 아니면 어느 정도의 능력이 남아 있는가? 그것도 아니면 인간은 완전한 선택의 능력을 갖추고 있는가? 이러한 문제들에 대하여 가장 치열한 논쟁을 펼친 사람들은 펠라기우스(Pelagius)와 아우구스티누스(Augustinus)다. 이들은 인간의 선택 능력 혹은 타락의 정도를 두고 논쟁하였는데 펠라기우스가 인간의 선택 능력을 강조한 데 반하여 아우구스티누스는 인간의 전적인 타락을 강조하였다. 이렇듯 인간론에 대한 논쟁이 치열하게 전개된 이유는 구원론과 깊은 관련성을 갖고 있기 때문이다.

피조물로서의 인간은 타락 이전의 능력을 온전히 유지하고 있는가? 이 질문은 '인간이 자력으로 구원을 쟁취할 수 있는가?'라는 구원론적 함의(숨은 뜻)를 지니고 있기에 더욱 예민하게 전개될 수밖에 없었다. 사도 시대에는 율법과 믿음이라는 대립적 구도를 통하여 인간론이 전개되었는데, 인간이 율법을 준수함으로 의(義)를 획득할 수 있다고 주장했던 유대교에 비하여 사도들은 인간의 행위가 아니라 믿음에 의해서만 의로워질 수 있다고 주장했다. 이러한 주장은 헬라의 플라톤적 이원론과 만나면서 더욱 설득력을 얻었다.

교부시대[49]에 이르러서 전개된 펠라기우스와 아우구스티누스의 논쟁은 사실, 인간론에 대한 논쟁에

[48] 인간론(Anthropology)은 신학적으로 인간의 기원, 본질, 죄성, 구원의 필요성 등을 다루는 교리이다. 인간은 하나님의 형상대로 창조되었으며, 몸과 영혼으로 구성된 존재이다. 그러나 타락 이후 하나님의 형상은 손상되었고, 인간은 자유의지와 도덕적 책임을 지닌 채 전적인 타락 상태에 놓이게 되었다. 따라서 하나님의 은혜 없이는 구원에 이를 수 없다. - 편집자주

[49] 교부시대(敎父時代)는 기독교 초기에 교리를 정립하고 신학의 기초를 놓은 초대교회의 지도자들(교부, Church Fathers)이 활동하던 시기로, 대략 1세기 말부터 8세기까지로 본다. 이 시대의 특징은 다음과 같다. ① 사도들의 가르침 계승: 교부들은 신약성서의 가르침을 해석하고 정통 교리를 확립하며, 이단 사상에 적극 대응하였다. ② 박해와 변증: 로마 제국의 박해 속에서 기독교를 철학적으로 변호(변증)하고, 신앙의 합리성과 윤리적 우수성을 강조하였다. ③ 교리 형성기: 삼위일체론, 기독론, 성서 정경화 등 기독교 핵심 교리들이 정리되었고, 니케아 공의회(325년)를 비롯한 주요 공의회들이 개최되었다. ④ 대표적 교부들: 동방 교회에는 오리게네스, 아

국한되지 않고 구원론과 함께 기독론 논쟁으로 비화하면서 아우구스티누스의 승리로 일단락되었다. 펠라기우스의 주장을 그대로 인정하게 되면 인간은 자유로운 선택 능력으로 인하여 예수의 십자가 없이도 자력으로 구원을 쟁취할 가능성을 갖게 된다는 것을 의미하기 때문이다. 이것이 아우구스티누스가 승리하는 결정적인 계기가 되었다. 펠라기우스와 아우구스티누스의 논쟁 이후에 인간론 논쟁은 좀 더 발전된 형태를 띠게 되었다. 그 이유는 "구원은 하나님의 은혜에 의해서 가능하지만, 하나님의 은혜는 선한 일을 행하게 할 수 있는 능력이 된다"라는 아우구스티누스의 진술 때문이었다. 이 진술을 가톨릭과 종교개혁자들이 서로 다르게 해석하였는데, 가톨릭은 선한 일을 행할 수 있는 능력을 강조하였고 종교개혁자들은 하나님의 은혜에 의한 구원을 강조하였다. 서로 다른 이해의 이면에는 인간의 행위와 공로 사상에 대한 해석의 차이가 있다. 인간의 행위와 공로를 강조하는 가톨릭의 주장과 인간의 공로에 의한 구원은 성서, 특히 로마서와 배치된다는 종교개혁자들의 주장이 충돌하였다. 그러나 가톨릭과 종교개혁자들은 하나님의 은혜가 없이는 자력으로 선한 일을 할 수 없는 존재로서의 인간 이해를 공유했다.

데카르트(René Descartes)[50]에 의해 시작된 근대주의에서의 인간론은 마치, 펠라기우스의 인간론이 부활한 것과 같은 의미를 지니고 있다. 그러나 차이점도 존재하는데 펠라기우스가 도덕적으로 선한 일을 할 수 있는 능력을 강조했다면 근대주의에서는 도덕적

타나시우스, 카파도키아 교부들(바실리우스 등)이 있었고, 서방 교회에는 터툴리안, 암브로시우스, 히에로니무스, 아우구스티누스 등이 있다.
— 편집자주

50 르네 데카르트(1596-1650)는 근대 철학의 아버지로 불리며, "나는 생각한다, 고로 존재한다(Cogito, ergo sum)"라는 명제로 유명하다. 그는 모든 지식의 출발점을 이성적 의심에서 찾았으며, 감각과 전통을 철저히 의심한 끝에 생각하는 자아를 확실한 진리로 제시하였다. 또한 인간을 정신과 육체라는 두 실체로 구성된 존재로 보았으며, 이를 이원론(dualism)이라 한다.
— 편집자주

능력이 아니라 이성적 능력을 강조하였다. 좀 더 정확하게 표현하자면, 이성적 능력은 과학적 능력으로 대체되면서 인간에 대한 지나친 낙관주의 형태를 띠었다. 인간에 대한 근대적 낙관주의는 제1, 2차 세계대전과 환경 재앙 등으로 인하여 주춤해졌지만, 여전히 견고하다. 이러한 상황에서 '하나님의 은혜가 아니면 선한 일을 할 수 없는 존재로서의 인간'이라는 신학적 가르침은 상당한 도전에 직면할 수밖에 없다. 아마도 현대 기독교에 대한 도전의 근저에는 신학적 인간론과 배치되는 근대주의 인간론이 자리를 잡고 있지 않을까 싶다.

3. 사도 전통으로 본 인간론: 하나님의 자녀로서의 인간

신학적 인간론과 사도 전통에 의한 인간론에는 차이가 없는가? 인간론에 관한 신학적 탐구 역시 다른 주제들과 마찬가지로 성서에 기인하지만, 당시의 철학적 관점과 시대정신도 반영되었다. 이것은 그 자체로써 잘못되었다고 말할 수는 없지만, 기독교에 대한 도전이 거세진 이 시점에서 좀 더 성서적이고 사도 전통에 충실한 탐구 필요성을 제공한다. 이렇게 볼 때, '하나님의 자녀로서의 인간'이라는 이해는 복음을 효과적으로 변증하는 것과도 관련되어 있다. 그 이유는 사도 전통으로 본 인간론이 신학적 인간론과 현대적 인간론을 동시에 충족할 가능성을 내포하고 있기 때문이다. 더불어서 성서를 통해서 드러내고자 하셨던 하나님의 뜻을 좀 더 명확하게 이해할 수 있는 개념이 될 수 있다.

1) 천사보다 우월한 인간

하나님의 자녀로서의 인간은 천사와 비교되곤 하였다. 그 이유는 천사를 숭배의 대상으로 삼고 있었던 당시의 유대적 관습 때문이다. 이들에게 있어서 인간은 하나님뿐 아니라 천사와도 질적 차이를 지닌 열등한 존재다. 시편 기자는 8편 5절에서 이렇게 증언하고 있다.

> (개역한글판) 그를 천사보다 조금 못하게 하시고 영화와 존귀로 관을 씌우셨나이다
> (NIV) You made him a little lower than the heavenly beings and crowned him with glory and honor.

위 성구를 개역개정판에서는 이렇게 번역하고 있다. "그를 하나님보다 조금 못하게 하시고 영화와 존귀로 관을 씌우셨나이다." 개역개정판에서는 천사를 하나님으로 번역하고 있지만, 유대 전통은 인간을 천사보다 못한 존재로 인식하고 있었다는 점에서 개역한글판 번역이 유대 전통과 더 가깝다. 그러므로 유대 전통에 충실한 번역은 하나님이 아니라 천사다. 히브리서 기자의 증언은 이러한 사실을 뒷받침한다.

> 그를 잠시 동안 천사보다 못하게 하시며 영광과 존귀로 관을 씌우시며 (히 2:7)

시편 말씀을 근거로 하여 하나님을 아버지라고 호칭

한 예수에 대하여 유대인들이 상당한 분노를 표출하게 된 것은 매우 당연했다. 천사보다 못한 인간이 하나님을 아버지라고 불렀다는 것은 유대인들의 관점에서 볼 때, 너무도 심각한 신성모독이었다. 그러나 사도들의 가르침은 분명히 하나님의 자녀로서의 인간은 천사와 비교할 수 없는 존재다. 다시 말하면, 천사보다 우월한 인간이다. 히브리서 기자는 이렇게 증언하고 있다.

> 모든 천사들은 섬기는 영으로서 구원 받을 상속자들을 위하여 섬기라고 보내심이 아니냐 (히 1:14)

이 구절은 앞서 인용한 시편의 증언과는 확실한 차이가 있다. 모든 천사는 구원받을 상속자들을 위하여 섬기는 존재로 진술하고 있다. 인간의 신분이 이렇게 격상한 이유는 예수 때문이다. 즉 예수로 인하여 인간은 하나님의 자녀가 되었으며 천사보다 우월한 존재가 되었다. 이것이 사도 전통에서 증언하고 있는 인간론 중 매우 중요한 요소다. 물론, 믿는 자들에게 국한된 특권이기는 하지만, 신약성서는 분명히 천사보다 우월한 존재로서의 인간에 대하여 증언하고 있다.

2) 죄인이면서 의인이 된 인간

"죄인이면서 의인"이라는 개념은 루터의 개념이다. 루터는 인간이 이중적 신분을 가지고 있음을 밝히면서 죄인이면서 의인이라는 용어를 사용하였다. 인간이 의인이 되는 방법은 예수 그리스도를 믿을 때 주어지는 선물이다. 그런데도 인간은 여전히 죄의 속성을 벗어버리지 못한 존재로서 죄인이라는 현실에 속해 있다. 바울은 갈라디아서와 로마서에서 이렇게 증언하고 있다.

> 사람이 의롭게 되는 것은 율법의 행위로 말미암음이 아니요 오직 예수 그리스도를 믿음으로 말미암는 줄 알므로 우리도 그리스도 예수를 믿나니 이는 우리가 율법의 행위로써가 아니고 그리스도를 믿음으로써 의롭다 함을 얻으려 함이라 율법의 행위로써는 의롭다 함을 얻을 육체가 없느니라 (갈 2:16)

> 오호라 나는 곤고한 사람이로다 이 사망의 몸에서 누가 나를 건져내랴 (롬 7:24)

죄인이면서 의인이라는 개념은 인간에 대한 복합적 개념을 내포하고 있다. 인간은 믿음으로 의인이 되었지만, 현실적으로는 여전히 죄인의 삶을 벗어버리지 못하고 있다. 그러므로 인간은 믿음의 눈으로 보면 의인이지만, 육의 눈으로 보면 죄인에 불과하다. 사도 전통에서 인간론에 대한 개념 역시 현실적으로는 죄인으로 존재하지만, 믿음에 의해서 의인으로 변화할 수 있다는 것을 전제한다. 이것은 하나님의 은혜가 아니면 죄인으로서의 인간에 불과하지만, 하나님의 은혜에 의해서 믿음을 고백한 인간에게는 칭의가 선포되었기 때문이다.

정리하자면, 사도 전통에서의 인간은 의(義)에는 무능하고 죄(罪)에는 유능하지만 믿음으로 인하여 의인이라고 칭함을 받으며 동시에 죄를 이길 수 있는 능력을 지닌 존재로 변하게 된다. 이것이 하나님의 자녀로서의 인간이 가진 특권이다. 현대적인 인간론은 인간의 긍정적인 면을 강조하고 역사상 나타난 교리적인 인간론은 인간의 부정적인 면을 강조했다. 그러나 사도 전통에 의한 인간론은 하나님의 은혜에 의한 믿음으로 의롭게 된 인간이다. 그러므로 사도 전통은 인간에 대한 근거 없는 긍정이나 부정을 넘어선다.

3) 상속자가 된 인간

하나님의 자녀로서 인간이 누릴 수 있는 특권 중 하나는 상속과 관련된다. 하나님 나라를 상속받을 수 있는 자격이 부여된 것의 의미는 인간이 하나님의 자녀로 불리는 것이 형식적 호칭이 아니라 매우 사실적이며 실제적임을 방증한다. 그러므로 구원받은 인간은 죄의 문제를 완전히 해결하지 못한 것에 대하여 슬퍼해야 하지만, 동시에 하나님의 은혜에 의해 의인이 되었고 상속자가 되었음에 감사해야 한다. 왜냐하면 인간 자신의 노력으로 쟁취한 것이 아니라 선물로 주어졌기 때문이다. 바울과 야고보는 로마서와 야고보서에서 이렇게 증언하고 있다.

> 자녀이면 또한 상속자 곧 하나님의 상속자요 그리스도와 함께 한 상속자니 우리가 그와 함께 영광을 받기 위하

여 고난도 함께 받아야 할 것이니라 (롬 8:17)

내 사랑하는 형제들아 들을지어다 하나님이 세상에서 가난한 자를 택하사 믿음에 부요하게 하시고 또 자기를 사랑하는 자들에게 약속하신 나라를 상속으로 받게 하지 아니하셨느냐 (약 2:5)

상속자로서의 인간은 인간의 신분에 대하여 상당히 많은 변화가 수반되었음을 의미한다. 이제 인간은 하나님 나라의 상속자로 격상되었다. 이 개념은 인내천(人乃天)[51] 사상과 같이 인간에 대한 무한의 긍정도 아니며 불가능이 없는 인간을 꿈꾸는 현대의 인간론도 아니다. 그렇다고 한없이 약하고 무능한 존재로서의 인간론도 아니다. 상속자로서의 인간은 피조물이면서도 은혜에 의해 대단한 특권을 지닌 인간이다.

4. 맺음말

타락 이전의 인간이 가지고 있던 매우 중요한 특징은 불사성(不死性)과 하나님의 형상(Imago Dei)이다. 그러나 타락한 인간의 현실은 불사성의 소멸과 하나님 형상의 불명확성이다. 그 결과 구약에서는 천사보다 못한 존재며 하나님의 종으로 표현하지만, 신약에서는 예수 그리스도에 의해 하나님의 자녀로 표현되었다. 이것은 인간에 대한 개념이 근본적으로 변화되었음을 의미한다. 하나님을 아버지로 부를 수 있는 인간은 이제 더 이상 비천한 존재도 아니며

---

[51] 인내천(人乃天) 사상은 동학(東學)의 창시자인 최제우(1824-1864)가 제시한 핵심 사상으로, "사람이 곧 하늘이다"라는 뜻을 지닌다. 이는 단순한 인간 존엄의 주장 그 이상으로, 모든 인간 안에 하늘(신성)이 내재해 있으며, 사람을 섬기는 것이 곧 하늘을 섬기는 것이라는 윤리적·종교적 의미를 담고 있다. 그 핵심 내용은 다음과 같다. ① 인간 내면의 신성 강조: 모든 사람에게 천도(天道)가 깃들어 있다는 인식이다. ② 민중 중심의 종교관: 백성 한 사람 한 사람이 하늘과 같다는 인식은 봉건 신분 질서에 대한 도전이 되었다. ③ 사회 개혁적 의미: 인내천은 사람을 하늘처럼 섬기라는 실천적 메시지로, 평등·자주·개혁 운동의 철학적 바탕이 된다. - 편집자주

무능력한 존재도 아니다. 그렇다고 인간이 죄에서 벗어나서 완전히 의인이 되었다는 것을 의미하는 것은 아니다. 인간은 여전히 죄의 문제에서 벗어날 수 없다. 이것이 인간론에 대한 논의가 한계를 갖게 된 원인이다.

사도 전통은 이러한 인간의 상태에 대하여 명확하게 이해하고 있다. 믿음으로 의인이 되었지만, 늘 회개해야 하는 존재가 바로 사도들이 전개한 인간론이다. 그런데도 신분에 있어서는 천사보다 우월한 존재로 변화되었다. 부연하면, 사도 전통으로 본 인간론은 하나님의 자녀로서의 인간이다. 이것을 좀 더 구체적으로 말하면, 첫째, 천사보다 우월한 존재며, 둘째, 죄인이면서 의인이고, 셋째, 상속자로서의 인간이다.

사도 전통에서 증언하고 있는 인간론은 현대의 인간들이 겪고 있는 다양한 고통, 즉 불안과 열등감 그리고 우울증과 지나친 낙관주의를 극복하고 건강한 자존감으로 세상을 살아갈 수 있는 능력이 될 수 있을 것이다.

제9장
구원론(1): 구원이란 무엇인가

1. 들어가는 말

구원(救援)이란 무엇인가? 이 질문은 기독교 신앙 뿐만 아니라 모든 종교에 있어서 가장 근원적 질문이다. 일반적인 관점에서 볼 때, 이 질문에 대한 답변 또한 대동소이(大同小異)한 듯 보인다. 그러나 기독교에서 말하는 구원은 타 종교에서 말하는 구원과 차이점이 있다. 그 이유는 예수 외에는 구원이 없다는 배타적 구원관 못지않게 창조, 타락, 구원이라는 도식과 본래 상태로의 회복(回復, recovery)을 넘어서 새로운 존재로의 변화를 의미하는 회복(恢復, restoration)을 내포하고 있기 때문이다. 이 글에서는 이런 문제들을 집중적으로 다룰 것이다. 더불어서 구원론을 사도 전통으로 재해석하고자 한다.

2. 구원에 관한 쟁점들

구원이란 무엇인가? 이 질문에 대하여 그 답을 찾고자 할 때, 구약과 신약에서의 개념은 약간의 차이가 있다.

구약적 개념에서의 구원은 현재적이며 강력한 신정 국가를 세우는 것에 집중된다. 이것이 약속의 땅이라는 개념으로 발전되었고 메시아 사상으로 귀결된다. 그래서 구원의 과정에 관한 서술로써 구약은 당면한 현안들을 해결하는 것을 중심으로 전개한다. 예를 들면, 병든 자에게 있어서의 구원은 병이 치유되는 것이며 경제적인 고통을 당하는 자에게 합당한 구원은 경제적인 문제가 해결되는 것이고 국가적 재난 앞에서의 구원은 평화가 임하는 것이다. 유대인들은 이러한 구원 개념을 가지고 있었기에 고난받는 메시아 개념을 수용하기 어려웠다.

구약의 구원 개념은 예수 그리스도에 의해 일대 변혁을 가져왔다. 그것은 현재적 구원을 넘어서 미래적 구원으로의 확장이다. 다시 말하면, 구원은 현재적인 문제들을 치유하고 더 나아가서 문제가 없는 곳, 영원한 하나님 나라에 이르는 것으로 확장되었다. 그러므로 기독교에 있어서 구원 개념은 현재와 미래의 융합이다. 이러한 개념을 현대신학자들은 "이미(already)와 아직 아님(not yet)"이라고 표현하였다. 이 말은 예수를 믿음으로 이미 우리 안에 구원이 실현되었으나 아직 완성되지 않았다는 의미다. '이미와 아직 아님'은 믿음으로 구원받았다는 개념을 불명확하게 하거나 이미 받은 구원의 변동 가능성을 말하고자 하는 것이 아니라 시간상의 개념을 의미하며 더 나아가서 구원의 완성이 미래적임을 의미한다. 또한 인간의 관점과 하나님의 관점 차이를 드러낸다. 하나님의 관점에서의 "이미(already)"가 인간의 관점에서는 "아직 아님(not yet)"이다. 구원과 관련된 믿음은 하나님의 관점을 수용하면서 인간의 관점을 유지하는 것과 같다. 그러므로 믿음으로 이미(already) 구원받았다는 현재의 고백은 아직 아님(not yet)의 선취(先取, prolepsis)로써 미래 구원의 현존(現存)이다. 정리하면, 예수를 믿음으로 선포된 하나님의 칭의로서 하나님의 관점에서는 구원이 이미 성취되었으나 이 구원은 하나님에 의해 확증되고 선취된 미래의 현존으로서 인간의 관점에서는 "아직 아님"이다.

313년 로마의 콘스탄티누스(constantius) 대제에 의해 기독교가 공인되고 나서 로마를 하나님 나라로 인식하였다. 그 결과 구원의 개념을 로마의 시민이 되는 것으로 이해하기도 하였으나 전반적으로는 교인이 되는 것으로 이해하였다. 그러나 고트족에 의해 로마가 멸망하면서 큰 혼란이 야기되었는데 이때 아우구스티누스에 의해 제기된 신국론(De Civitate Dei)[52]은 하나님의 나라와 세상 나라 사이에는 긴장이 존재하며 하나님 나라에 의해 세상 나라가 변혁될 수 있다는 새로운 이해다.

종교개혁자들은 구원을 믿음에 의해 주어지는 선물이며 영원한 하나님 나라로 인식하였다. 그러다가 자유주의 신학자들에 의해 윤리적인 하나님 나라가 강조되면서 구원 개념은 현재적 의미를 더 많이 수용하였다. 이들은 인간의 과학을 도구로 하여 유토피아(Upopia)를 건설할 수 있다고 생각하였다. 그 결과가 현재적 구원이다. 이것은 종교개혁자들에 의

---

[52] 《신국론》은 아우구스티누스가 5세기 초 로마 제국의 쇠퇴와 로마 약탈 사건(410년) 이후, 기독교를 변호하기 위해 쓴 대표작으로, 하나님의 도시와 세속의 도시를 대조하여 역사를 해석한다. 총 22권으로 구성되어 있으며, 앞부분은 이교도들의 비판에 대한 반박, 뒷부분은 두 도성의 기원과 운명을 다룬다. 하나님의 도성은 믿음과 사랑에 기초한 영원한 공동체이며, 세속의 도성은 인간의 자만과 욕망에서 비롯되어 결국 멸망에 이른다. -편집자 주

해 제시된 미래적 구원론과 차별성을 지니지만, 현재적 구원을 지나치게 강조하므로 자유주의 신학이 복음주의[53]자들에게 비판받는 이유 중 하나가 되었다. 이처럼 "구원에 대한 개념은 현재적인가? 미래적인가?" 하는 문제와 함께 이 둘의 조화를 지향하려는 방향성을 띤다. 이 시점에서 사도들이 제시했던 구원에 대한 개념을 이해하는 것은 다양한 구원론을 해석하고 보다 성서적인 개념을 정립할 좋은 기회가 될 것이다.

3. 구원이란 무엇인가?

사도들에 있어서 구원은 아담의 타락과 관련된다. 사도들은 아담과 예수를 비교하면서 구원에 대하여 진술하고 있다. 이것은 아담의 타락으로 인하여 구원의 필요성이 제기된 구약성서의 증언을 기초로 하고 있음을 의미한다. 고린도전서는 이렇게 진술하고 있다.

> 아담 안에서 모든 사람이 죽은 것 같이 그리스도 안에서 모든 사람이 삶을 얻으리라 (고전 15:22)

사도들의 이러한 진술은 인간의 타락에 대한 선(先)이해에 기초한다. 그러므로 사도들의 구원 개념을 이해하기 위해서는 인간의 타락으로 인해 발생한 갈등들을 살펴보는 것이 중요하다.

[53] 복음주의(Evangelicalism)는 성서의 권위, 예수 그리스도의 구속 사역, 개인의 회심, 전도와 실천적 신앙을 강조하는 개신교 신앙운동이다. 18세기 영국과 미국의 부흥운동(복음주의 대각성 운동)에서 본격적으로 형성되었으며, 오늘날까지도 전 세계 기독교에 폭넓은 영향을 끼치고 있다. 복음주의의 주요 특징은 다음과 같다. ① 성서 중심: 성서는 믿음과 삶의 최종 권위로 간주된다. ② 회심(거듭남): 개인이 예수 그리스도를 인격적으로 믿고 새 삶을 시작해야 한다. ③ 십자가 중심의 복음: 예수의 대속적 죽음과 부활을 통한 구원을 핵심 진리로 고백한다. ④ 전도와 선교 강조: 복음을 전파하고 세상을 변화시키는 사명을 중요하게 여긴다. ⑤ 실천적 신앙: 윤리적 삶, 사회적 책임, 공동체 봉사를 통해 신앙을 실천한다.
― 편집자 주

1) 죄의 결과로써 발생한 세 가지 갈등

창세기에 기록된 인간의 타락 기사를 살펴보면, 인간의 타락으로 인하여 세 가지 갈등이 발생했음을 알 수 있다. 가장 먼저 발생한 갈등은 생명과의 갈등이다. 타락 이전, 불사성(不死性)을 갖고 있던 인간이 죄로 인하여 불사성을 잃어버리고 죽음을 경험하게 되었다. 이것은 인간에게 있어서 생명과의 갈등이 시작되었음을 의미한다. 창세기는 이렇게 진술하고 있다.

> 여호와 하나님이 그 사람에게 명하여 이르시되 동산 각종 나무의 열매는 네가 임의로 먹되 선악을 알게 하는 나무의 열매는 먹지 말라 네가 먹는 날에는 반드시 죽으리라 하시니라 (창 2:16-17)

> 네가 흙으로 돌아갈 때까지 얼굴에 땀을 흘려야 먹을 것을 먹으리니 네가 그것에서 취함을 입었음이라 너는 흙이니 흙으로 돌아갈 것이니라 하시니라 (창 3:19)

이렇듯, 인간이 불사성을 잃어버렸다는 사실은 구원에 대한 개념을 명확하게 하는 촉매 역할을 하고 있다. 그것은 불사성 회복이다. 이레니우스(Irenaeus)에 의해 하나님의 형상으로 표현된 불사성은 사실 사도 전통이다.

두 번째 갈등은 사람과의 갈등이다. 여자에게 최상의 찬사를 보내던 아담이 하나님께 죄를 추궁당하자, 여자에게 그 죄를 전가하는 장면은 죄의 결과로써 발생한 사람과의 갈등을 시사(示唆)한다. 창세기는 이렇게 진술하고 있다.

> 아담이 이르되 이는 내 뼈 중의 뼈요 살 중의 살이라 이것을 남자에게서 취하였은즉 여자라 부르리라 하니라 (창 2:23)

> 아담이 이르되 하나님이 주셔서 나와 함께 있게 하신 여자 그가 그 나무 열매를 내게 주므로 내가 먹었나이다 (창 3:12)

죄로 인하여 처음의 사랑이 변화된 것을 상징하는 이 사건은 죄의 결과로써 발생한 중요한 변화다. 이것은 "서로 사랑하라"라는 신약성서의 명령이 단순한 인간애(人間愛)를 넘어서 죄를 극복하는 중요한 수단임을 시사(示唆)한다.
세 번째 갈등은 자연과의 갈등이다. 인간의 범죄로 말미암아 자연까지 저주받았다. 그 결과 자연과의 갈등이 필연적으로 나타나게 되었다. 창세기는 이렇게 진술하고 있다.

> 아담에게 이르시되 네가 네 아내의 말을 듣고 내가 네게 먹지 말라 한 나무의 열매를 먹었은즉 땅은 너로 말미암아 저주를 받고 너는 네 평생에 수고하여야 그 소산을 먹으리라 (창 3:17)

자연과의 부조화를 죄의 결과로 인식하게 되면서 자

연과의 조화가 구원을 위한 필연적 과정이 된다.

2) 세 가지 갈등이 치유된 상태로서의 구원

사도들에게 있어서 죄의 결과로써 나타난 세 가지 갈등은 다차원적 구원 개념으로 전이(轉移)된다. 부연하면 구원은 인간에게만 국한된 것이 아니라 우주론적 개념을 지니게 되면서 새로운 국면으로 전환된다. 결국 구원은 영생을 중심으로 생명과의 갈등, 사람과의 갈등, 자연과의 갈등이 치유되는 다차원적 구조를 갖는다. 물론, 그중에서 제일 중요하게 다루고 있는 것은 생명과의 갈등이다. 요한복음과 이사야의 증언을 살펴보자.

> 누구든지 하나님을 사랑하노라 하고 그 형제를 미워하면 이는 거짓말하는 자니 보는 바 그 형제를 사랑하지 아니하는 자는 보지 못하는 바 하나님을 사랑할 수 없느니라 (요일 4:20)

> 젖 먹는 아이가 독사의 구멍에서 장난하며 젖 뗀 어린 아이가 독사의 굴에 손을 넣을 것이라 (사 11:8)

사도 요한의 증언처럼 예수를 믿는 자에게 주어지는 우선적인 선물은 영생이다. 그러나 영생이 구원 전체는 아니다. 위에 인용한 증언처럼 생명과의 갈등이 치유되어 사망에서 영생에 이르고, 사람과의 갈등이 치유되어 미움이 사랑으로 변화되며, 자연과의 갈등이 치유되어 부조화에서 조화로 변화하는 것,

이것이 구원에 관한 통전적 이해다. 이러한 사실은 구원이 영생 하나만을 의미하는 것이 아니라 영생을 포함하여 서로 사랑과 자연과의 조화라는 다차원적 구조를 지니고 있음을 의미한다. 이렇게 이해하면, 교회 안에서의 갈등을 극복해 나가는 과정이 구원을 경험할 기회가 된다. 또한 생태학적 관심을 가지고 환경보호에 참여하는 것 또한 구원의 개념을 확장할 수 있는 중요한 차원임을 발견할 수 있다.

3) 회복(回復, recovery)에서 회복(恢復, restoration)으로

사도들에게 있어서 구원은 단순하게 타락 이전으로의 회복(回復)을 의미하지는 않는다. 부활에 관한 사도 전통은 육체의 부활 역시 현재적 육체가 아니라 변화된 육체다. 이것을 고려하면 구원이 단순한 회복(回復)이 아니라는 사실이 더욱 명확해진다. 그러므로 사도들에게 구원은 회복(回復)에서 회복(恢復)으로의 지향점을 지니게 된다. 다시 말하면, 단순하게 타락 이전의 상태로 회복(回復)되는 것이 아니라 새로운 존재로의 변화를 의미하는 회복(恢復)이다. 요한계시록은 이렇게 진술하고 있다.

> 또 내가 새 하늘과 새 땅을 보니 처음 하늘과 처음 땅이 없어졌고 바다도 다시 있지 않더라 (계 21:1)

위에 인용한 요한계시록의 증언은 사도들이 증언하고자 하는 구원의 개념을 선명하게 표현하고 있다. 이것은 단순한 회복(回復)이 아니며 이전과는 비교할 수 없는 새로운 차원을 지니게 되는 회복(恢復)이다.

4. 맺음말

영국의 시인 존 밀턴의 장편 서사시 실낙원(Paradise Lost)과 복낙원(Paradise Regained)**54**에 나타난 것처럼 잃어버린 낙원을 회복하고자 하는 구원은 그리스도인의 영원한 지향점이다. 그러나 사도들에게 있어서 복낙원은 이전과는 다른 차원의 개념으로 승화되어 나타난다. 이렇듯 사도들에게 있어서 구원 개념은 죄의 결과로 인한 세 가지 갈등이 치유되는 것으로 이해되며 다차원적 구조를 지니게 된다.

생명과의 갈등이 치유된 상태로써의 영생과 사람과의 갈등이 치유된 상태로써의 서로 사랑 그리고 자연과의 갈등이 치유된 상태로써의 자연과의 조화라는 다차원적 구조가 사도들이 제시한 구원 개념이다. 물론, 이 개념은 현재적이면서 동시에 미래적이다.

결론적으로 사도들은 구원 개념을 다차원적으로 전개하면서 영생과 함께 우주적인 개념으로 승화시켰다. 그러므로 영혼 구원 혹은 영생에만 집중하는 구원론은 사도들이 전개했던 구원의 개념을 온전히 담지(擔持)하지 못한다. 물론, 구원의 다차원적 구조 중에서 가장 중요한 것은 영생이지만, 영생이 구원 전체를 의미하지 않는다. 이렇게 볼 때, 사도들은 영생을 중심으로 구원론을 전개하면서도 서로 사랑과 자연과의 조화를 추구했다. 사도들의 구원에 대한 개념은 현대의 교회들이 교회다움을 회복하는 데 중요

---

54 《실낙원》(1667)은 사탄의 반역과 아담과 하와의 타락을 다룬 서사시로, 인간의 자유의지와 하나님의 섭리를 주제로 한다. 총 12권으로 구성되어 있으며, "인간의 타락을 통해 하나님의 정의를 변호한다"는 목적을 지닌다. 작품 속 사탄은 비극적 인물로 묘사되며, 웅장한 문체와 깊은 신학적 메시지를 담고 있다. 《복낙원》(1671)은 예수 그리스도의 광야 시험을 중심으로 낙원의 회복을 그린 서사시로, 《실낙원》의 후속작이다. 예수는 사탄의 유혹을 믿음과 순종으로 이겨 내며, 참된 구원의 길을 보여준다. 총 4권으로 구성되어 있으며, 간결한 서사를 통해 내면의 절제와 신앙을 강조한다. - 편집자 주

한 이정표다. 그 이유는 구원이 곧 영생이라는 도식화(圖式化)에 너무 익숙한 나머지 영생 이외의 것을 구원과 연결하지 못하고 있기 때문이다. 그러므로 구원의 다차원적 개념을 이해하고 영생을 중심으로 한 구원의 다양한 구조들을 설교와 삶에 적용할 때, 현대교회들의 문제를 치유하는 능력이 될 수 있다.

제10장
구원론(2): 구원의 수단으로서의 믿음

1. 들어가는 말

구원론[55]에 대한 차이가 가장 명확하게 드러나는 분야가 바로 구원의 수단(手段)이다. 인간의 자유의지에 의한 구원이라는 주장에서부터 오직 은혜로만 구원받는다는 주장까지 양극단을 포함한 구원의 수단에 대한 논의가 구원론의 핵심이라고 해도 과언이 아니다. 또한 유대교와의 결정적 차이 중 하나도 바로 구원의 수단에 대한 문제다. 구원의 수단은 교파 간에도 조금씩 차이를 드러내고 있다. 따라서 구원의 수단에 대하여 사도 전통으로 재구성해 보려는 시도는 교파 분열을 치유할 수 있는 이론적 근거를 제공할 수 있을 것이다.

2. 구원의 수단에 대한 쟁점들

어떻게 구원을 받을 수 있을까? 이 질문은 '인간이 구원의 주체가 될 수 있는가?'라는 문제와 함께 인간론, 기독론 등과 밀접한 연관성을 가진다. 더 나아가서, 인간의 행위와 구원의 관련성 그리고 예수 그리

---

[55] 구원론(Soteriology)은 인간이 죄에서 어떻게 구원받아 하나님과 화목하게 되는지를 다루는 신학의 핵심 교리이다. 인간은 죄로 인해 하나님과 단절되었으나, 예수 그리스도의 십자가 희생과 부활을 통해 은혜로 구원을 받는다. 이 구원은 믿음을 통한 하나님의 선물로 주어지며, 회개, 거듭남, 칭의, 성화의 과정을 거쳐 영광과 영생에 이르게 된다. 구원은 현재적인 동시에 미래적으로 완성되는 여정이다. -편집자주

스도의 대속적 사역에 대한 인신론적 차이다. 이 차이가 사도 시대에는 율법적 배경 아래에서 율법과의 차별성을 강조하는 것으로 진행되었다. 특히, 율법을 인간의 행위 혹은 공로라는 관점으로 이해하면서 인간의 공로는 구원과 무관하다는 점을 강조하였다. 또한 구원을 칭의로 진술하였는데, 그 이유는 구원이 의(義)를 획득하는 것과 직결되어 있다고 인식했기 때문이다. 이것은 인간의 현재적 상태를 '죄-지옥'이라는 구조로 파악하고 있던 사도들이 죄와 의를 대비시키면서 '의-구원'이라는 구조로의 전환을 구원받음의 상태로 제시했기 때문이다. 따라서 사도들은 구원에 대하여 진술하면서 죄의 현실에서 의(義)의 현실로의 변화를 가장 중요한 현상으로 이해하였다. 바울은 이렇게 진술하고 있다.

> 사람이 의롭게 되는 것은 율법의 행위로 말미암음이 아니요 오직 예수 그리스도를 믿음으로 말미암는 줄 알므로 우리도 그리스도 예수를 믿나니 이는 우리가 율법의 행위로써가 아니고 그리스도를 믿음으로써 의롭다 함을 얻으려 함이라 율법의 행위로써는 의롭다 함을 얻을 육체가 없느니라 (갈 2:16)

바울의 진술에 따르면 의롭게 된 상태는 구원을 의미하며 그 방법으로써 율법의 행위가 아닌 믿음을 강조한다. 그러나 이러한 진술은 또 한편으로는 믿음이 무엇인가에 대한 진술이 필요하게 되면서 심각한 문제에 직면하게 된다. 부연하면 바울을 비롯한 사도들은 '믿음에 의한 구원'이라는 공식을 통하여 구원의 수단에 대해서는 명쾌한 답변을 제시하고 있지만, '믿음이 무엇인가?'에 대한 답변을 재차 요구받게 되었다.

이에 대하여 야고보는 믿음을 행위와 직결된 문제로 진술하면서 그 질문에 답변하고자 하였다. 그러나 야고보의 답변은 여전히 믿음이 행위인지 아닌지에 대한 논란을 멈추게 하지는 못했다. 굳이, 펠라기우스와 아우구스티누스의 논쟁을 예로 들지 않더라도 이 문제는 초기 기독교 공동체에 많은 혼란을 주었다. 아우구스티누스에 의해 '오직 은혜'라는 정식(定式)이 재확인되었지만, 중세 가톨릭에 의해 다시 인간의 선행이 강조되었다. 특히, 이때 성례 구원론이 등장하게 되는데 성례를 구원의 수단으로 인식하였다. 이런 배경 아래에서 시작된 종교개혁은 구원론을 진술하면서 그 수단에 있어서 성례를 비롯하여 인간의 모든 행위를 부정하였다.

종교개혁자들은 은혜로 인한 믿음을 강조하면서 바울의 진술에 착념(着念)했다. 그러나 믿음과 행함의 관계에 대한 야고보의 진술을 제대로 해석하지 않은 점은 매우 아쉽다. 부연하면, 구원의 수단으로서의 믿음에 대하여 명확하게 진술한 것은 매우 큰 의미를 지니고 있으나 믿음이 무엇인가에 대한 진술에는 한계점을 드러냈다. 현재까지도 믿음과 행위의 관계는 계속해서 명확한 설명이 필요하다는 점에서 구원의 수단으로서의 믿음에 대하여 사도 전통으로 재구성하려는 작업은 종교개혁의 미비점을 보완하려는 의미가 있다.

3. 구원의 수단으로서의 믿음

구원의 수단을 믿음으로 정리한 것은 사도 전통이 가장 중요하게 가르치고 있는 요소다. 또한 그 믿음의 대상은 하나님이신 예수 그리스도다. 바울은 이런 믿음이 아브라함 이전부터 존재하던 구원의 수단임을 강조한다. 히브리서 기자는 아벨의 믿음을 예시하면서 인간이 하나님께 드린 최초의 제사에서도 믿음이 가장 중요한 요소였음을 증거로 제시한다. 히브리서 기자는 이렇게 진술하고 있다.

> 믿음으로 아벨은 가인보다 더 나은 제사를 하나님께 드림으로 의로운 자라 하시는 증거를 얻었으니 하나님이 그 예물에 대하여 증언하심이라 그가 죽었으나 그 믿음으로써 지금도 말하느니라 (히 11:4)

바울을 비롯한 사도들에게 믿음은 구원의 수단이며 동시에 하나님께 나아가는 유일한 통로다. 그러므로 사도 전통으로 바라본 믿음은 구원의 수단을 이해하는데, 가장 중요한 요소다.

1) 믿음의 원인: 은혜

믿음의 원인을 '은혜'로 이해하는 것은 인간의 공로를 구원의 수단으로 이해하려고 하는 모든 시도를 원천적으로 차단하는 효과가 있다. 은혜로 시작된 믿음은 인간이 자기의 공로를 주장할 수 없게 하는 중요한 요소다. 은혜가 없이는 그 누구도 믿음을 가질 수 없다. 그러므로 '은혜'라는 개념 안에는, 인간의 모든 자율적 행위가 그 자체로는 독립적인 기능을 하지 못하고, 은혜 안에 예속된 행위로 인식하는 신앙 고백이 내포되어 있다. 인간이 믿음을 선택했다고 말하는 것조차도, 결국은 은혜 안에서 이루어진 선택인 것이다. 바울은 이를 이렇게 진술한다.

> 만일 은혜로 된 것이면 행위로 말미암지 않음이니 그렇지 않으면 은혜가 은혜 되지 못하느니라 (롬 11:6)

'은혜가 은혜 되게 하는 방법은 그 은혜를 훼손할 수 있는 그 어떤 공로도 없어야 한다'는 바울의 진술은 믿음과 행위의 관계를 매우 잘 표현해 주고 있다. 인간이 제아무리 고차원적인 선한 행위를 할 수 있을지라도 그 행위가 은혜를 훼손할 수 없고, 그 행위조차도 은혜를 전제로 한다. 이처럼 은혜를 강조했던 사도들은 인간의 공로에 대하여 예민한 반응을 보였다. 인간의 공로를 주장하는 순간, 예수 그리스도의 대속적 죽음과 십자가 사건이 무시되기 때문이다. 사도들은 믿음을 기독론으로 귀결시켰다. 이것이 사도들이 구원의 수단으로써 믿음을 진술할 때, 믿음의 원인을 은혜라고 강조한 근원적인 이유다.

2) 믿음의 방법: 세례

믿음이란 무엇인가? 야고보는 구제를 비롯한 몇 가지 선행을 예시하고 있다. 그러나 야고보가 강조한 믿음은 선행들 이전에 가치관 혹은 세계관으로서의 의미를 지닌다. 야고보가 믿음의 가치관으로 바라본 물질은 구제를 통해서 영적인 가치로 전환될 수 있으며 미래에 대한 계획 역시 믿음으로 인하여 현재화시킬 가능성을 갖는다. 믿음에 대한 야고보의 이해는 세계를 해석하는 가장 근원적인 도구다. 이처럼 야고보의 진술이 중요한 기준이 되고 있음에도 불구하고 믿음이란 무엇인가에 대한 가장 근원적인 이해는 세례를 통하여 구체화하였다. 사도 전통으로 바라본 세례는 일종의 묵시적 합의(Modus Vivendi)다. 세례 안에는 예수 그리스도를 믿고 영접하는 것과 고백하는 것 그리고 그의 가르침에 대한 순종이 함축되어 있으며 더 나아가서 구원받은 하나님의 자녀로서의 삶이 내포되어 있다. 마태는 주님의 명령을 이렇게 진술한다.

> 그러므로 너희는 가서 모든 민족을 제자로 삼아 아버지와 아들과 성령의 이름으로 세례를 베풀고 (마 28:19)

마태의 진술에 따르면, 예수는 제자로 삼는 행위와 세례를 베푸는 행위를 동일선상에서 이해하고 있음을 알 수 있다. 마태의 진술에 대하여 포괄적 분석을 시도해 보면, 제자를 만드는 방법은 믿음을 갖게 하는 것이며 세례를 베푼다는 것은 그 믿음이 외적인 양식(樣式)으로 표현되어야 할 필요가 있음을 강조한 것으로 이해할 수 있다. 그러므로 세례는 믿음을 표현하는 중요한 의식이며 그 결과로써 구원이 선포되었음을 알 수 있는 예식이다. 구원의 수단으로서의 믿음을 표현하는 방법의 하나가 세례다. 그러나 한 가지 유념해야 할 것은 세례받았기 때문에 구원받은 것이 아니라, 믿음을 증명하는 외적인 표시로써 드러난 세례만이 구원의 순서에 삽입될 수 있다는 사실이다. 부연하면, 믿음이 없는 세례는 효력이 없다. 그러므로 구원의 유일한 통로는 믿음이다.

구원의 수단으로써의 믿음과 세례에 관한 진술들은 교부 시대에도 중요한 논쟁거리였다. 대부분의 2, 3세기 교부 중에는 구원의 증표를 세례로 이해하기도 했다. 따라서 세례받지 않으면 구원받지 못했다고 이해했다. 그러나 교부들 역시 '은혜에 의한 믿음 그리고 구원'이라는 사도들의 진술 방식을 온전히 수용하고 있었다는 점을 상기해 보면, 세례를 구원의 조건으로 보지 않고 믿음의 표현 방법으로 정리했다는 것을 알 수 있다. 이처럼 교부들 역시 사도 전통 안에서 구원론을 전개하고 있다.

3) 믿음의 결과: 칭의(稱義)

사도들은 구원과 칭의[56]를 동일선상에서 이해했다. 그것은 믿음으로 의로워진다는 것과 믿음으로 구원받는다는 것을 차별 없이 진술하고 있는 것에서 명확하게 드러난다. 바울은 이렇게 진술한다.

> 복음에는 하나님의 의가 나타나서 믿음으로 믿음에 이르게 하나니 기록된 바 오직 의인은 믿음으로 말미암아 살리라 함과 같으니라 (롬 1:17)

---

[56] 칭의(稱義, Justification)는 기독교 구원론의 핵심 개념 중 하나로, 죄인이 하나님 앞에서 의롭다고 인정받는 것을 의미한다. 이는 행위가 아니라 믿음(Sola Fide)에 의해, 하나님의 전적인 은혜(Sola Gratia)로 주어지는 법적 선언이다. 칭의란, 죄인이 예수 그리스도의 의를 전가받아 하나님께서 그를 의롭다고 선포하시는 것이다. 그 근거는 오직 예수 그리스도의 십자가의 죽음과 부활, 그리고 그에 대한 믿음에 있다. 칭의는 자격이나 공로가 아니라, 하나님의 은혜로 주어지는 선물이다. 또한, 내적 변화가 아니라 외적 신분의 변화, 즉 하나님 앞에서의 지위 변화로 이해된다. 칭의는 구원의 시작점이며, 이후 성화(거룩한 삶)와 영화(영광에 이르는 상태)로 이어진다. -편집자 주

너희는 그 은혜에 의하여 믿음으로 말미암아 구원을 받았으니 이것은 너희에게서 난 것이 아니요 하나님의 선물이라 (엡 2:8)

위의 진술들을 보면, 사도들은 믿음으로 의롭게 되는 것과 구원받은 것을 분리하지 않고 있다. 이렇듯, 사도들에게서 발견할 수 있는 것은 믿음의 결과로써 칭의며 칭의는 곧 구원을 의미한다. 그러므로 구원의 수단으로서의 믿음은 칭의를 얻을 수 있는 유일한 도구다. 이것은 반대의 경우, 즉 구원받지 못하는 상황에 대한 정보도 제공하고 있는데, 그것은 구원받지 못하는 것은 하나님의 은혜를 헛되게 했다는 의미다. 그리고 이것은 인간의 전적인 책임이라는 것을 내포하고 있다.

4. 맺음말

구원의 수단에 대하여 사도들의 진술을 살펴본 결과 믿음은 은혜로부터 시작되며 세례를 통하여 표현되고 칭의라는 결실을 얻게 되는 것으로 진행됨을 발견할 수 있다. 그러므로 구원을 가능하게 하는 믿음은 철저하게 은혜에 기초하며 인간의 공로를 주장할 수 있는 여지가 없다. 인간의 자유의지나 선택 능력은 구원의 필수 요소나 부차적인 요소가 되지 못한다. 그러므로 구원을 가능하게 하는 요소에서 인간의 공로는 철저하게 배제된다. 그러나 구원받지 못하는 상황에 대하여는 은혜를 저버린 결과로 인식하며 그 책임이 철저하게 인간에게 있음을 진술하고 있다.

정리하자면, 구원은 하나님의 은혜에 의하여 믿음으로 말미암아 주어지는 선물이며 세례라는 양식으로 나타난다. 이때 주의해야 할 것은 세례를 받는다는 것과 구원을 동일시할 수는 없으므로 믿음을 수반하는 세례만이 그 믿음으로 인하여 효력을 발휘할 수 있다는 점이다. 믿음이 없는 세례는 구원의 효력이 없다. 또한 구원받지 못하는 것은 인간의 책임이며 하나님의 은혜를 저버린 결과임이 명확하다.

결론적으로, 사도 전통으로 재구성한 구원의 수단으로서의 믿음은 은혜에 기초하며 그 은혜에 의해 믿음을 고백하고 그 믿음이 세례받기를 소망하게 하며 세례를 받았다는 책임 의식은 선한 행위를 추구하는 것으로 귀결된다. 이것이 사도 전통에 의해 구원의 수단으로 제시된 믿음이다.

제11장
종말론: 예수 중심의 세계관

1. 들어가는 말

세상의 종말은 픽션(fiction)인가? 논픽션(nonfiction)인가? 현대인들에게 당연하게 제기될 수 있는 이 질문이 사도들에게는 어리석은 질문이다. 예수의 가르침에 천착(穿鑿, research)하였던 사도들에게 있어서 종말은 하나님 나라의 완성을 의미한다. 사도들은 예수 중심의 세계관으로 종말론[57]을 전개했다. 그러나 중세를 거쳐 현대에 이르기까지 종말론에 대한 논쟁은 천년왕국설이나 종말의 시간적 관점 등을 집중적으로 다루면서 본말(本末)이 전도(顚倒)되어 예수 중심의 세계관을 반영하지 못했다. 그러므로 사도 전통으로 종말론을 재구성하는 작업은 매우 중요한 의미를 지니며 종말론에 관한 성서적 탐구를 가능하게 하는 작업이 될 것이다.

2. 종말론에 대한 쟁점들

종말론에 대한 논쟁은 초대교회부터 현대교회까지 계속되고 있다. 임박한 종말론적 신앙을 소유했던

[57] 종말론(終末論, Eschatology)은 기독교 신학에서 역사의 마지막과 하나님의 최종 계획의 완성에 관한 교리로, 죽음 이후의 삶, 그리스도의 재림, 최후의 심판, 부활, 천국과 지옥 등을 다룬다. ① 개인적 종말: 개인이 맞이하게 되는 종말적 현실로, 죽음, 심판, 영혼의 상태 등을 포함한다. ② 우주적 종말: 예수 그리스도의 재림, 죽은 자들의 부활, 최후의 심판, 그리고 새 하늘과 새 땅의 도래(계시록 21장)를 중심으로 한 역사 전체의 완성을 의미한다. ③ 이미와 아직(Already & Not Yet): 예수 그리스도의 초림을 통해 하나님 나라가 이미 시작되었지만, 그 재림을 통해 완전하게 성취될 미래적 완성을 기다리는 긴장 상태를 설명하는 개념이다. - 편집자주

초대교회에서는 현재 삶과의 조화가 중요한 문제였다. 특히, 천년왕국설은 당시의 로마인들이 가지고 있던 '로마 천년의 영광'이라는 세계관이 반영된 결과였다. 요한계시록을 통해서 차용되었던 천년왕국설의 의미는 영원한 왕국의 표상이다. 그러나 시간이 지나면서 당시의 세계관적 의미는 퇴색되었고, 그 대신에 문자적 의미로 재해석되는 결과를 가져왔다. 그런가 하면 종말의 시기와 관련하여 크로노스(chronos)[58]적 이해와 카이로스(kairos)[59]적 이해가 충돌하였다. 종말에 대한 시간적 의미는 기독교 역사 전반에 걸쳐서 중요한 이슈(issue)였다.

근대가 되면서 몇몇 이단을 제외하고는 종말의 형태에 관하여 탐구하기 시작하였다. 시간적 관점에 의한 시한부 종말론이 위력을 발휘했지만, 큰 흐름을 형성하지는 못했다. 근대에 이르러서 종말의 시간보다는 형태에 치중했다. 몰트만(Jürgen Moltmann)에 의해 제기된 정치적 종말론[60]이나 불트만(Rudolf Karl Bultmann)에 의해 제기된 실존적 종말론[61]은 종말의 형태에 대한 논쟁이다. 그런가 하면 다드(C. H. Dadd)에 의해 제기된 실현된 종말론[62]은 종말론에 대한 새로운 해석이 필요함을 보여준 선례(先例)다. 물론, 그 배경은 일반적인 시간(chronos)이 아니라 의미상의 시간(kairos)이 자리하고 있었지만, 종말의 형태에 대한 패러다임의 변화를 추구했다는 점에서 의미가 크다. 이것은 자유주의 신학자들에 의해 윤리적인 하나님 나라를 추구하면서 종말의 의미가 퇴색된 결과와도 밀접하게 관련된다. 근대에 새롭게 나타난 종

---

[58] 크로노스(Chronos)는 고대 그리스 신화에서 시간(time)을 의인화한 신으로, 주로 흐르고 지나가는 물리적이고 연대기적인 시간을 의미한다. 크로노스는 우리가 일상에서 경험하는 순차적이며 측정 가능한 시간, 즉 시계의 시간, 역사적 연대, 인생의 흐름과 같은 시간 개념을 가리킨다.
- 편집자 주

[59] 카이로스(Kairos)는 고대 그리스어로 '적절한 때,' '결정적인 순간'을 의미하며, 신학에서는 하나님의 뜻이 개입되는 은혜의 시간, 곧 구원의 때를 가리킨다. 이는 양적인 시간(크로노스)과는 달리, 질적인 시간, 즉 의미 있고 결정적인 순간을 뜻한다. 예를 들어, 회개의 때, 복음이 임한 순간, 하나님의 시간 등이 이에 해당한다. "때가 찼고(카이로스), 하나님의 나라가 가까이 왔으니…"(막 1:15)는 표현은 바로 이러한 카이로스의 시간성을 보여주는 대표적인 구절이다. 카이로스는 하나님의 구속사가 작용하는 결정적 시점, 곧 하나님의 타이밍을 의미하며, 크로노스는 연대기적이고 순차적인 시간을 의미한다.
- 편집자 주

[60] 몰트만의 정치적 종말론은 종말을 단지 미래에 일어날

말론 패러다임은 하나님 나라의 의미를 현재와 미래의 지평융합(horizontal fusion)을 통하여 '예수의 통치 실현'이라는 개념으로 확장된다. 그러므로 현대적 종말론은 시간을 넘어서 종말의 형태에 관심을 가지며, 더 나아가서 예수의 통치에 집중한다.

이렇듯 다양한 종말론 논쟁이 등장했지만, 종말론 논쟁은 여전히 현재진행형이다. 그뿐만 아니라, 종말론 이단들의 등장으로 인하여 종말론 논의가 금기시되기도 하였다. 그러나 종말론은 결코 소홀히 할 수 없는 주제다. 종말론의 중심은 예수며, 인간의 구원과 더불어서 세계의 갱신(更新)을 주제로 하고 있다. 그러므로 사도 전통으로 종말론을 재구성해야 하는 이유는 종말론 본래의 의미인 예수 중심의 세계관으로 역사를 이해했던 사도 전통을 회복하고자 하는 당위성 때문이다.

3. 사도 전통으로 본 종말론: 예수 중심의 세계관

세계관(世界觀, world view)은 세계의 형성과 운동 그리고 의미들을 하나의 관점 혹은 체계로 이해하고자 하는 개념이다. 이런 의미에서 볼 때, 사도들의 세계관은 예수였다. 사도들은 예수를 통하여 세계를 이해했으며 재해석했다. 따라서 사도들에 의해 증언된 종말론은 다른 교리의 주제들과 차별성을 지닌다. 그들의 종말론은 신앙이 곧 역사가 되며 모든 피조 세계를 통괄한다. 그러므로 종말론은 하나님의 계시에 기반하여 사도들의 세계관이 투영된 결과물이다. 종말론은 사도들에게 있어서 예수를 중심으

사건으로 보지 않고, 현재를 변화시키는 희망의 동력으로 이해하는 신학이다. 그는 예수 그리스도의 부활을 새 창조의 시작으로 보고, 하나님의 나라가 역사 속에서 이미 시작되었다고 주장한다. 이러한 종말론적 희망은 단순한 내세 지향이 아니라, 현실의 억압과 고통에 맞서는 참여와 연대를 촉구한다. 몰트만에 따르면 신앙은 현실을 외면하는 도피가 아니라, 정의와 해방의 실현에 적극적으로 개입하는 행위이어야 한다.
— 편집자 주

61 불트만의 실존적 종말론은 종말을 미래에 일어날 물리적 사건으로 보지 않고, 인간이 복음 앞에서 현재 실존적으로 결단하는 순간으로 이해한다. 그는 종말, 재림, 천국 등의 표현을 신화적 언어로 간주하며, 이를 비신화화(demythologization)하여 현대인이 수용할 수 있는 방식으로 해석하고자 했다. 불트만에 따르면, 종말은 '지금 여기'에서 믿음으로 인해 삶이 전환되는 실존적 사건이며, 이는 인간 존재의 결정적인 변화의 순간을 의미한다.
— 편집자 주

62 C. H. 다드의 실현된 종말론(Realized Eschatology)은 하

나님의 나라와 종말이 예수의 사역 속에서 이미 시작되었고 실현되었다고 보는 입장이다. 예수의 치유, 용서, 말씀 선포 등은 미래의 종말이 현재에 현현된 증거이며, 종말은 더 이상 기다려야 할 미래의 사건이 아니라, 지금 이곳에서 일어나고 있는 현실로 해석된다. - 편집자 주

로 새롭게 구성되고 전개되었다. 이때 가장 우선적인 관점은 '역사 안에 실현된 계시와 예수'다. 그러므로 예수는 계시와 역사의 최종적 의미다. 다음으로 '하나님 나라와 예수'인데, 이것은 하나님 나라의 궁극적 실현이 종말론과 연동되고 있음을 드러낸다. 마지막으로 '신자(信者)의 승리와 예수'다. 이것은 종말론이 단순히 세계를 재편하는 것뿐 아니라 하나님의 공의 실현을 기대하는 신자의 소망이 역사 안에서 성취되는 것과 관련된다. 특히, 핍박과 고난 속에서도 신앙을 지킨 신자들에게 있어서 종말론은 교회 혹은 신자의 최종적 승리에 대한 선언이며 동시에 현실의 고난을 견뎌야 하는 근원적 동기다.

1) 역사 안에 실현된 계시와 예수

예언이 역사가 되고 있다는 증언, 이것이 요한계시록의 메시지다. 그리고 종말론이 지향하는 궁극적 목표다. 더 나아가서 예수의 계시가 역사 안에서 실현되고 있다는 의미다. 요한은 이렇게 증언한다.

> 예수 그리스도의 계시라 이는 하나님이 그에게 주사 반드시 속히 일어날 일들을 그 종들에게 보이시려고 그의 천사를 그 종 요한에게 보내어 알게 하신 것이라 (계 1:1)

> 셋째 천사가 나팔을 부니 횃불 같이 타는 큰 별이 하늘에서 떨어져 강들의 삼분의 일과 여러 물샘에 떨어지니 이 별 이름은 쓴 쑥이라 물의 삼분의 일이 쓴 쑥이 되매 그 물이 쓴 물이 되므로 많은 사람이 죽더라 (계 8:10-11)

요한의 증언은 종말이 예수의 계시 때문에 알려졌음을 증언한다. 그뿐만 아니라 종말적 사건이 역사 안에서 성취될 것을 증언한다. 이러한 사실은 20세기에 접어들면서 과학적 발견을 통하여 보편적 사실로 인식되고 있다. 즉 우주 종말을 예고하고 있는 현대 과학은 요한의 증언이 과학적 근거가 있음을 드러낸다. 요한의 증언은 예수를 중심으로 한 세계관을 반영한다. 그러므로 사도들에게 있어서 종말은 역사 안에 실현된 예수의 계시 사건이다.

2) 하나님 나라와 예수

예수의 선포는 항상 하나님 나라를 지향하고 있다. 세례 요한과 마찬가지로 예수 또한 하나님 나라를 강조했는데, 그 이유는 창조와 더불어서 마지막 때의 심판이 가지고 있는 궁극적 목표 때문이다. 그 목표는 인간의 타락으로 인한 죄의 문제를 치유하고 회복하는 것이며 더 나아가서, 모든 악을 근원적으로 심판하는 것이다. 그러므로 예수는 언제나 회개와 하나님 나라를 동시에 선포한다.

> 이 때부터 예수께서 비로소 전파하여 이르시되 회개하라 천국이 가까이 왔느니라 하시더라 (마 4:17)

예수의 선포는 궁극적으로 하나님 나라, 즉 하나님의 통치가 완전하게 실현되는 것과 깊은 관련이 있다. 부연하면, 하나님의 통치에 불순종하는 모든 현상의 타파(打破, destruction)다. 또한 하나님의 나라를 특정한 장소나 민족 그리고 시간 안에 포함하고 있지 않다. 이것이 유대인들의 하나님 나라 개념과 결정적 차이점이다. 유대인들의 하나님 나라 개념은 철저하게 가나안 땅을 중심으로 형성되어 있는데 예수가 선포한 하나님 나라는 이런 현상적인 것들로 구성되지 않고 하나님의 통치를 핵심으로 하고 있으며, 항상 종말론적 개념을 지향하고 있다. 예수는 이렇게 가르쳤다.

> 바리새인들이 하나님의 나라가 어느 때에 임하나이까 묻거늘 예수께서 대답하여 이르시되 하나님의 나라는 볼 수 있게 임하는 것이 아니요 또 여기 있다 저기 있다고도 못하리니 하나님의 나라는 너희 안에 있느니라
> (눅 17:20-21)

> 그러나 내가 하나님의 성령을 힘입어 귀신을 쫓아내는 것이면 하나님의 나라가 이미 너희에게 임하였느니라
> (마 12:28)

사도들은 이러한 예수의 가르침을 간직하고 있었다. 그 결과 사도들에게 있어서 종말은 세계가 예수 중심으로 재편되는 사건을 의미하며 예수 중심의 세계가 곧 하나님 나라의 핵심적 가치임을 인식하는 도구다. 또한 예수의 통치가 실현되는 것이 곧 종말적 사건임을 증언했다. 그러므로 사도들에게 있어서 종말은 하나님 나라가 실현되는 순간이며 그 중심에 예수의 통치가 실현되는 결정적인 시간이다.

3) 신자(信者)의 승리와 예수

사도들은 종말에 관한 증언을 하면서 신자(信者)의 승리를 상당히 중요한 개념으로 제시한다. 신자를 "왕 같은 제사장(벧전2:9)"이라고 지칭했던 사도들은 하나님 나라의 도래를 신자의 승리와 연관시켰다. 요한은 이렇게 증언한다.

> 그들로 우리 하나님 앞에서 나라와 제사장들을 삼으셨으니 그들이 땅에서 왕 노릇 하리로다 하더라 (계 5:10)

> 이 첫째 부활에 참여하는 자들은 복이 있고 거룩하도다 둘째 사망이 그들을 다스리는 권세가 없고 도리어 그들이 하나님과 그리스도의 제사장이 되어 천 년 동안 그리스도와 더불어 왕 노릇 하리라 (계 20:6)

> 다시 밤이 없겠고 등불과 햇빛이 쓸 데 없으니 이는 주 하나님이 그들에게 비치심이라 그들이 세세토록 왕 노릇 하리로다 (계 22:5)

예수 중심의 세계관으로 종말을 이해했던 사도들이 신자의 승리에 대하여 증언한 것은 엄밀히 말해서 예수의 승리며 그 승리가 신자 안에서 효력을 발휘하고 있음을 증언한 것과 같다. 이렇게 볼 때, 종말은 예수의 승리며 동시에 신자의 승리다. 따라서 사도들에게 있어서 종말은 예수 안에서 신자의 승리다. 이것은 예수 중심의 세계관이 신자들에게 어떤 영향을 끼치고 있는지를 보여주는 상징적 의미다.

따라서 예수 중심의 세계관으로 종말을 이해했던 사도들의 종말론은 현대인들의 종말론 논쟁에 중요한 지침을 제공하고 있다.

4. 맺음말

종말론에 대한 신학적 논쟁을 살펴볼 때, 그 진의가 왜곡되는 것들을 종종 목격한다. 혹은 지엽적(枝葉的)인 문제들로 인하여 종말을 선포한 예수의 의도가 축소되는 것 또한 종종 목격되는 현상이다. 그 이유는 종말을 예수 중심의 세계관으로 이해했던 사도들의 해석 방식에서 벗어났기 때문이다. 종말론 논쟁의 역사를 주도해온 천년왕국설이나 시한부 종말론은 왜곡된 종말론의 예(例)다. 이러한 왜곡을 방지하기 위해서는 사도 전통으로 종말론을 재구성하는 작업이 선행되어야 한다.

사도 전통으로 재구성한 종말론의 핵심은 '예수 중심의 세계관'이다. 다시 말하면, 사도들이 종말을 이해하는 중요한 도구로써 예수를 중심으로 하는 세계 이해 혹은 하나님의 통치를 제시한다. 그러므로 현대의 종말론 역시 예수 중심의 세계관으로 전개해야 한다. 이 작업이 선행되고 난 후 예수의 통치가 실현되는 하나님 나라를 종말론 논쟁의 중요한 척도로 삼아야 한다. 그 결과 종말론은 새로운 가치를 지니며 예수 중심으로 세계를 이해하는 새로운 접근법을 제공한다.

제12장
예배론: 예수를 재현하는 축제(祝祭)

1. 들어가는 말

예배란 무엇인가? 이 질문에 대한 가장 단순한 답변은 '하나님의 은혜에 감사하며 찬양하는 행위'다. 그러나 이 단순한 답변이 복잡한 양상을 띠게 된 이유는 문화적 요소와 철학적 의미들이 가미되면서 자연스럽게 형성된 복잡성 때문이다. 이러한 현실이 예배에 관한 본질적 탐구를 방해하고 있다. 사도 전통으로 예배를 재구성하려는 시도는 이러한 현실적 고민을 치유하려는 방안 중 하나다. 따라서 이 글은 사도 전통으로 예배론을 재구성하므로 예배에 대한 성서적 답변을 찾아보고자 한다.

2. 예배론에 대한 쟁점들

사실, 기독교 예배는 초대교회부터 단순하지 않았다. 그 이유는 유대교의 예배 형태인 성전예배와 회당예배의 요소 외에도 기독교적 독특성이 포함되었기 때문이다. 초기 기독교인 그룹 중 유대인들(Christian Jews)은 기독교 교리 및 예배가 유대교의 전통에서 벗어나지 않기를 요구하였다. 할례 논쟁이 대표적이었지만, 이 밖에도 이들은 끊임없이 기독교가 유대 전통 안에서 머물러 있기를 요구했다. 이방 선교가 시작되면서 이 요구는 더욱 논쟁의 중심에 섰다. 유대 그리스도인들의 요구가 논쟁이 된 근간에는 성령의 은사와 더불어서 이방인들이 복음을 듣고 변화된 놀라운 사건이 있었다. 이방인들에게 복음이 전해진다는 것은 유대 전통의 변화와 헬라의 문화적 요소가 자연스럽게 포함될 수 있다는 것을 전제한다. 결과적으로 이것은 이방 세계의 신비적 요소가 기독교 교리 및 예배에 첨가되는 결과를 가져왔다. 특히, 이방 종교의 제의(祭儀) 문화가 스며들면서 초기 교회는 위기를 맞기도 하였다. 사도들은 이러한 복잡한 요구들에도 불구하고 매우 중요한 중심 개념을 간직하고 있었다. 그것은 예수의 대속적 죽음과 부활 그리고 재림에 관한 일관된 신앙적 태도다. 사도들의 이러한 태도는 예배의 형식으로 표현되었다.

기독교가 공인된 이후에는 예배 요소와 형식에 더욱 많은 변화가 일어났다. 그 변화는 하나님 나라에 대한 개념을 비롯하여 사제직에 대한 구약적(舊約的) 개념과 이방인의 제의적 요소가 스며드는 것으로 나타났다. 이러한 변화는 자연스럽게 새로운 예배론으로 귀결되었다. 즉 구약적 예배 개념을 더 많이 수용하면서 성찬 중심의 예배로 전환되었으며 사제의 복장(服裝)을 포함하여 이방의 제의적 요소도 다소(多少) 포함되었다. 그 결과 미사(Missa)라고 일컫는 예배 의식이 나타났다. 미사는 성찬 예배의 기능을 구약의 희생 제사와 연결하면서 장엄한 희생이라는 의미를 강화하였다. 오늘날 개신교회들조차도 성찬을 장례식처럼 생각하는 것은 중세교회의 예배론을 답습하는 것이 그 원인이다. 말씀 강론과 성찬례로 구성된 미사에서 중심 위치는 성찬례다. 이것은 기독교 예배에 구약적 희생 제사와 헬라 문화의 비의(秘儀)를 수용한 결과이기도 하다. 특히, 헬라의 신화적 요소를 덧칠하므로 중세기독교는 예배의 본질적 요소에서 상당히 많이 벗어났다.

종교개혁은 교회와 사회 전반에 걸쳐서 상당히 많은 변화를 일으켰는데, 그중의 하나가 예배론이다. 특히, 말씀 강론에 대한 강조는 종교개혁자들의 의도와는 다르게 개신교 예배 전반에 걸쳐서 상당히 중요한 변화를 일으켰으며, 필연적으로 성찬을 소홀히 하게 되는 결과를 낳았다.

현대 개신교회들은 예배론의 변화가 절실함을 느끼고 있다. 성서와 초대교회의 전례(典例)를 회복하고자 했던 19세기의 환원운동(Restoration Movement)은 개신교 예배가 성서적 가르침에 충실하지 않음을 인식하고 성서적 예배를 회복해야 한다고 주장했다. 그런데도 환원운동가들의 주장은 전(全) 세계적 반향을 불러일으키지는 못하였다. 그러다가 1982년 페루 리마에서 '세례, 성만찬, 사역(BEM, Baptism, Eucharist, and Ministry)'이라는 리마문서(Lima liturgy)[63]가 발표되었다. 이 문서는 지나치게 말씀 강론을 중심으로 하는 개신교 예배에 성찬례의 중요성을 일깨

63 리마 문서는 1982년 세계교회협의회(WCC) 신앙과 직제 위원회가 페루 리마(Lima)에서 발표한 공식 문서로, 제목은 《세례, 성찬, 직제(Baptism, Eucharist and Ministry, BEM)》이다. 이 문서는 교회 일치(에큐메니칼) 운동의 핵심 신학 주제들을 정리하고, 다양한 교단 간 공통된 신앙 고백의 기초를 마련하고자 했다. 핵심 내용은 다음과 같다. ① 세례: 그리스도와의 연합, 죄 사함, 교회 공동체로의 입문을 의미하며, 유아세례와 성인세례를 모두 인정하고, 한 번의 세례로 충분함을 강조한다. ② 성찬: 그리스도의 임재를 기념하고 경험하는 자리로서, 감사와 공동체의 일치를 상징한다. 단순한 기념을 넘어서, 그리스도의 실제적 임재의 신비도 함께 존중한다. ③ 직제: 교회의 사역과 직분(예: 감독, 장로, 집사)에 대해 상호 이해와 존중을 촉구하며, 다양한 교회 구조 속에서도 일치의 가능성을 강조한다. - 편집자 주

워주었다. 이후에 저술된 예배 갱신을 주장하는 다수의 논문은 예배에 있어서 성찬 회복이 무엇보다도 중요하다는 자각을 담고 있다.

최근에는 에이든 토저(A W Tozer)[64]의《예배인가? 쇼인가?(On Worship and Entertainment)》라는 저서가 현대 개신교 예배의 문제점을 적나라하게 지적하면서 많은 공감을 얻었다. 이처럼 현대교회들의 예배는 그 본질이 회복되어야 하는 과제를 안고 있다. 이러한 이유로 인하여 사도 전통으로 재구성한 예배론은 현대교회가 예배의 본질을 회복하는데 중요한 길라잡이가 될 수 있다고 본다.

3. 사도 전통으로 본 예배론: 예수를 재현하는 축제

사도 전통에 있어서 예배의 핵심은 그 형식에 있지 않다. 사도들은 예배를 통해서 예수를 재현(再現)하는 데 집중하고 있었다. 왜냐하면, 사도들에게 있어서 예수는 세계의 중심이며 구원의 유일한 통로였고 스스로 희생제물이 되심으로써 예배의 모범을 보이신 하나님이기 때문이다. 따라서 예수를 재현한다는 것은 곧 온전한 예배를 의미했고 구원받은 자들의 축제로 여겨졌다. 이러한 사도들의 예배론은 첫째는 회상과 갱신, 둘째는 공유와 향유 그리고 셋째는 파송과 증언이라는 중요한 의미를 내포한다.

1) 회상(回想)과 갱신(更新)

사도들에게 있어서 예배는 언제나 예수에 대한 회상을 가능하게 하는 중요한 수단이다. 그리스도며 하

[64] A. W. 토저(1897-1963)는 미국의 복음주의 목회자이자 저술가로, 하나님과의 인격적인 관계와 깊은 영성을 강조했다. 대표 저서로는《하나님을 갈망함(The Pursuit of God)》《하나님에 대한 지식(The Knowledge of the Holy)》 등이 있으며, 형식적인 신앙을 경계하고 진정한 경건과 하나님 중심의 삶을 힘주어 가르쳤다. - 편집자주

나님이신 예수를 회상한다는 것은 곧 그의 가르침과 약속을 회상하는 것과 같다. 또한 회상은 자연스럽게 갱신을 위한 준비다. 바울은 이렇게 증언한다.

> 내가 너희에게 전한 것은 주께 받은 것이니 곧 주 예수께서 잡히시던 밤에 떡을 가지사 (고전 11:23)

> 사람이 자기를 살피고 그 후에야 이 떡을 먹고 이 잔을 마실지니 (고전 11:28)

사도들이 이러한 예배를 추구할 수 있었던 것은 예수를 통해서 구약의 희생 제사가 완성되었으며 더 나아가서 종말론적 선취(prolepsis)를 경험할 수 있다고 믿기 때문이다. 물론, 이러한 의식 자체가 가능했던 이유는 예수의 가르침 때문이다. 사도들이 이해한 예배는 구약의 성전 예배와 회당예배를 통합하고 거기에 희생제물과 말씀으로서의 예수 그리고 종말론인 의미를 포괄한다.

그 의미 중 하나는 '창조적 파괴(creative destruction)'다. '창조적 파괴'라는 말은 오스트리아 출신의 미국 경제학자 조지프 슘페터(Joseph Alois Schumpeter, 1883-1950)[65]가 《경제발전의 이론》(1912)에서 기술 발달과 경제의 관계를 설명할 때, "기술 혁신으로 낡은 것을 파괴하고 새로운 것을 창출하는 것이 기업 경제의 원동력이 된다"라고 주장하면서 유래한 개념이다. 그런데 이 개념은 이미 사도들의 예배론에 나타났다. "새 술은 새 부대에(마 9:17)"라는 말씀처럼 사

[65] 조지프 슘페터는 '창조적 파괴'(creative destruction) 개념으로 잘 알려진 오스트리아 출신의 경제학자이다. 그는 자본주의를 끊임없는 혁신과 변화의 과정으로 보았으며, 기업가 정신을 경제 발전의 핵심 동력으로 강조했다. 또한 자본주의는 자신의 성공으로 인해 관료화되고, 혁신이 약화되면서 결국 스스로 붕괴할 수 있다는 통찰도 남겼다.
- 편집자 주

도들의 예배는 회상과 갱신을 통하여 창조적 파괴를 경험하도록 이끈다.

따라서 사도들의 예배가 회상과 갱신으로 구성되었던 배경에는 창조적 파괴라는 상징을 내포하고 있다. 그러므로 현대교회들의 예배 또한 창조적 파괴를 통하여 회상과 갱신을 지향해야 한다.

2) 공유(共有)와 향유(享有)

사도들은 예배의 형식보다는 예배자의 태도를 더 중시했다. 사도 요한은 예수의 가르침을 이렇게 증언한다.

> 아버지께 참되게 예배하는 자들은 영과 진리로 예배할 때가 오나니 곧 이 때라 아버지께서는 자기에게 이렇게 예배하는 자들을 찾으시느니라 (요 4:23)

위 구절에서 "영과 진리"라는 의미는 '영과 진리 안에서'라는 의미며 두 단어는 또한 동의어로서의 가치도 지니고 있다. 따라서 '진리의 영'이라는 의미를 포함한다. 사도들에게 있어서 진리의 영으로 드리는 예배는 곧 하나님께 올려지는 예배다. 그러므로 참된 예배는 반드시 '진리의 영'으로 드리는 예배여야 하며 예배에서 핵심적 요소가 공유와 향유라는 개념을 반영할 때 가능하다. 공유란, 공동의 소유를 의미하고 향유란, 누리는 행복을 의미한다. 구약의 제사는 제물과 제사장 그리고 성전 등의 가시적 요소와 형식이 필요하다. 이것은 이방인들이나 죄인들이라고 칭함을 받은 자들에게는 접근하기 어려운 요소다. 그러나 진리의 영으로 드리는 예배는 누구든지 공유할 수 있다. 그뿐만 아니라 공유는 곧 향유를 가능하게 한다. 사도 요한은 이렇게 증언한다.

> 예수께서 이르시되 내가 진실로 진실로 너희에게 이르노니 인자의 살을 먹지 아니하고 인자의 피를 마시지 아니하면 너희 속에 생명이 없느니라 내 살을 먹고 내 피를 마시는 자는 영생을 가졌고 마지막 날에 내가 그를 다시 살리리니 내 살은 참된 양식이요 내 피는 참된 음료로다 (요 6:53-55)

요한의 증언 속에는 사도들의 예배에서 예수를 공유하고 그것으로 향유하는 예배론이 녹아있다. 이렇듯 사도들의 예배론은 공유와 향유라는 의미가 짙다. 초대교회의 예배 특징은 공유경제[66]에 기반한다. 현대적 의미의 공유경제는 한정된 자원을 공유하는 구조를 지향한다. 현대교회들의 예배는 이러한 면에서 재고(再考)되어야만 한다. 왜냐하면 사도시대 교회 공동체의 예배는 공유와 향유를 통하여 예수를 재현할 수 있었기 때문이다. 따라서 현대교회들의 예배론에도 공유와 향유가 있어야 한다. 혼자만의 감동이나 은혜가 아니라 함께 은혜를 받고, 그 은혜를 나누며 구원받은 자의 기쁨을 누릴 수 있는 공유와 향유가 필요하다.

[66] 공유경제는 개인이나 기업이 보유한 유휴 자산(자동차, 집, 사무공간 등)을 다른 사람과 공유해 사용하는 경제 모델로, 소유보다 접근(access)을 중시한다. 주요 특징으로는, ① 온라인 플랫폼 기반 (예: Airbnb, Uber) ② 개인 간 거래(P2P) ③ 자원 효율성 증대 ④ 신뢰와 협력에 기반 등이 있다. 대표 사례로는, ① Airbnb: 숙박 공유 ② Uber: 차량 공유 ③ WeWork: 사무공간 공유 ④ 당근마켓: 지역기반 중고거래 등이 있다. 장점으로는, ① 자원 절약 및 수익 창출 ② 비용 절감 ③ 새로운 일자리 창출 등이 있다. 단점으로는, ① 법적 규제 미비 ② 기존 산업과의 갈등 ③ 안전·신뢰 문제 등이 있다. 미래 전망으로는, ① 친환경 모델로 발전 가능 ② AI·블록체인 기술과 결합 ③ 공공서비스 영역으로 확대 등이 있다.
- 편집자 주

3) 파송(派送)과 증언(證言)

사도들의 예배론에서 결코 소홀히 할 수 없는 또 하나의 중요한 요소는 파송과 증언이다. 파송은 예수께서 승천하시기 전의 지상명령과 관련된다. 마태는 주님의 지상명령을 이렇게 증언한다.

> 그러므로 너희는 가서 모든 민족을 제자로 삼아 아버지와 아들과 성령의 이름으로 세례를 베풀고 내가 너희에게 분부한 모든 것을 가르쳐 지키게 하라 볼지어다 내가 세상 끝날까지 너희와 항상 함께 있으리라 하시니라
> (마 28:19-20)

예수를 재현하고자 했던 사도들의 예배는 언제나 예수의 지상명령을 재인식하는 데 초점을 맞추고 있다. 그러므로 사도들의 예배는 언제나 파송과 증언이 포함되어 있다. 안디옥 교회가 바울과 바나바를 파송했던 중요한 근거이기도 한 지상명령은 예배 안에서 더욱 확고한 위치를 차지하고 있다. 그러므로 현대교회들의 예배에는 파송과 증언을 담아야 한다. 즉 예배는 주님의 지상명령과 함께 증인으로서의 증언을 간직할 수 있는 소중한 시간이어야 한다.

4. 맺음말

예배의 본질에 대한 다양한 논의는 현대교회들의 예배가 본질을 탐구하고 있음을 암시하는 근거다. 그러므로 사도 전통으로 예배론을 재구성하려는 시도는 매우 시급하다. 사도 전통의 예배는 항상 예수를

재현하고자 하는 목적을 함축하고 있다. 그 이유는 예수를 통하여 구약의 성전예배와 회당예배가 통합되었으며 더 나아가서 구원이 완성되었음을 인식하기 때문이다. 따라서 사도 전통으로 재구성한 예배는 회상과 갱신, 공유와 향유 그리고 파송과 증언을 담고 있다. 물론, 이때 가장 중요하게 사용된 예식은 성찬식과 세례식 그리고 말씀 강론이다. 이 세 가지의 조화가 사도들의 예배에 있어서 가장 핵심적이고도 중요하다.

사도 전통이 이러한 예배론을 가질 수 있었던 것은 예배를 매우 단순화시키는 데 성공하였기 때문이다. 즉 사도들의 예배에 포함된 다의적(多義的)인 요소를 '예수 안에서, 예수와 함께, 예수의 능력'을 경험하는 시간으로 통합하였기에 가능한 일이다.

결론적으로, 현대교회의 예배 또한 현대문화와 철학 그리고 전통적 예배 형식 등의 다의적 요소를 단순화시키면서 예수를 재현하고자 하는 데 초점을 맞추어야 할 것이다.

제13장
삼위일체론: "왜 하나님이 인간이 되셨나?"에 대한 응답

1. 들어가는 말

삼위일체(三位一體, Trinity)란 성부, 성자, 성령 하나님의 존재 방식에 대한 헬라 철학적 해석이다. 터툴리안(Tertullian)에 의해 "한 본질, 세 위격(Una Substantia, Tres Personae)"이라는 정식(定式)이 제안된 이후, 삼위일체는 다양한 논쟁을 거쳐 교리적 체계를 갖추게 되었다. 그런데 지나친 철학적 수사(修辭)로 인해 그 본질적 의미가 모호하게 들리기도 한다. 아마 그 누구도 삼위일체를 명확하고 논리적으로 설명할 수는 없을 것이다. 기독교에 있어서 가장 기본적인 교리 중 하나인 삼위일체론에 대해 명확한 설명을 하지 못한다는 사실은 매우 큰 모순이 아닐 수 없다. 이러한 문제의식은 사도 전통으로 삼위일체론을 재검토하고자 하는 필요성을 제공하고 있다. 따라서 삼위일체론을 사도 전통으로 재구성하는 것은 매우 중요한 일이라 할 수 있다.

2. 삼위일체론에 대한 쟁점들

알렉산더 캠벨(Alexander Campbell)**67**은 삼위일체 신앙을 받아들이면서도 그 명칭이 성서적이지 않음을 지적하였다. 이는 삼위일체라는 개념의 난해함과 더불어 헬라 철학에 의해 기독교 교리가 채색되어 본질적 의미를 퇴색시키고 있기 때문이다. 전통적으로 삼위일체론은 상당히 많은 논쟁을 겪었는데, 그중 중요한 두 줄기는 삼신론(三神論)과 단일신론(單一神論)이다. 삼신론은 세 분 하나님이라는 개념으로, 제기되자마자 곧바로 이단으로 정죄되었다. 그러나 단일신론은 그 개념의 정교함으로 인해 다양하게 분화되어 현대에 이르기까지 정통 기독교 안에 스며들어 있다. 특히 근대에 등장한 유니테리언(Unitarians)은 근대의 과학적 사고를 바탕으로 나타난 단일신론 이단이다. 또한 자유주의 신학자들은 삼위일체론을 부인하였다. 최근에는 존 힉(John Hick)이 신 중심적 종교다원주의를 주장하며 단일신론과 유사한 입장을 보이고 있다.

고대의 단일신론 이단은 주로 양태론**68**으로 표현되었으며, 가장 확실한 주창자는 아리우스(Arius)였다. 그는 성부와 성자는 그 본질이 동일하다는 동일본질론(Homoousios)을 반박하고, 유사본질론(Homoiousios)을 주장하였다. 그의 주장에 따르면, 성자는 창세 이전에 성부로부터 출생한 존재다. 성부는 시작이 없는 분으로서 태초부터 스스로 존재하지만, 성자는 시작이 있는 분, 즉 출생한 분으로서 성부와 본질상 유사할 뿐 동일하지 않다고 주

67 알렉산더 캠벨(Alexander Campbell)은 19세기 미국의 신학자이자 복음주의 개혁 운동가로, 특히 복음주의 기독교회(Disciples of Christ)와 그리스도의교회(Churches of Christ)로 이어지는 환원운동(Restoration Movement)의 핵심 인물이다. 그가 강조한 주요 특징은 다음과 같다. ① 성서 중심주의: 전통적인 교리나 교단 규범보다 성서 자체를 최고의 권위로 삼아야 한다고 주장하였다. ② 교단 초월적 신앙: 분열된 교회들을 하나로 통합하고자 했으며, 신조(creed)보다 단순한 신앙고백과 성서의 권위를 강조하였다. ③ 삼위일체 용어에 대한 비판: 그는 삼위일체의 개념 자체는 수용했지만, '삼위일체'(Trinity)라는 용어는 성서에 등장하지 않으며, 불필요한 철학적 혼란을 야기할 수 있다고 지적하였다. ④ 신약 교회의 복원: 초대교회(사도시대)의 단순하고 성서적인 모습으로 돌아갈 것을 주장하였다. - 편집자주

68 양태론(Modalism)은 하나님이 성부, 성자, 성령으로 영원히 구별되어 존재하시는 것이 아니라, 한 하나님이 시대에 따라 서로 다른 모습(양태)

으로 나타난다고 보는 주장이다. 이 사상은 삼위의 인격적 구별과 동시 존재를 부정하며, 초대교회에서는 사벨리우스주의(Sabellianism)로 불리며 이단으로 정죄되었다.

— 편집자 주

장하였다. 아리우스의 이단 교리는 아타나시우스(Athanasius)에 의해 반박되었으며, 호모우시우스(동일본질론)라는 개념으로 정립되었다. 이러한 논쟁을 거쳐 형성된 교리가 "예수는 참 하나님이시며 참 인간이시다(Vere Deus, Vere Homo)"라는 양성론 교리다. 이후에도 삼위일체론은 양태적으로 해석되어 물, 수증기, 얼음 등으로 설명하는 일이 간혹 있었다. 사실 삼위일체론은 고대 헬라적 사고를 반영한 논리적 귀결이었다. 고대인들의 진리에 대한 인식론적 개념은 '명확하게 설명할 수는 없지만, 불가지론(不可知論)을 거부하는 것'으로 전개되었다. 즉, 논리적 귀결로 더 이상 설명할 수 없는 결과에 이르렀을 때, 비로소 그것을 진리로 인정하였다. 이렇듯 고대 삼위일체론은 매우 철학적이고 논리적이며, 진리 인식의 기본적 전제를 충족하고 있었다. 그러므로 헬라인들에게 삼위일체론은 매우 타당한 결론이었다.

그러나 고대 이후 진리 인식에 대한 철학적 방법론이 변화하면서, 삼위일체론은 모호한 개념이 되었고 신앙적 신비로 인식되었다. 근대에 이르러서는 합리적 사고에 저촉된다는 이유로 배척되기도 하였다. 삼위일체론은 사도 전통을 간직한 가장 소중한 교리 중 하나다. 그러므로 이를 사도 전통으로 재구성하는 작업은 그 모호성을 극복하고 성서적 가치를 되살릴 수 있는 중요한 계기가 될 것이다.

3. 사도 전통으로 본 삼위일체론: "왜 하나님이 인간이 되셨나?"에 대한 응답

사도 시대에 삼위일체론 논쟁이 일어나지 않았던 이유는 무엇일까?

첫째, 복음에 대한 총체적 이해가 교리로 체계화되지 않았기 때문이다. 이것은 삼위일체론뿐 아니라 교회론이나 다른 교리에도 동일하게 적용되는 현상이다. 결론적으로, 사도 시대에는 교리가 점진적으로 발전하는 중이었기 때문에 삼위일체론 논쟁이 일어나지 않았다고 볼 수 있다.

둘째, 사도들은 예수께서 하나님이심을 히브리적 관점에서 이해했기 때문이다. 히브리인들은 '하나님이 어떻게 인간이 되셨는가?'를 묻기보다 '하나님이 왜 인간이 되셨는가?'를 물었다. 이 물음에 따라 삼위일체론은 구원론에 초점을 맞추어 전개되었다. 그러나 사도 시대 이후 교부들은 헬라적 사고를 중심으로 성자의 하나님 되심을 논증하고자 했기 때문에, 한 분 하나님 신앙을 유지하면서도 어떻게 예수를 하나님으로 고백할 수 있는지를 물었다. 그 결과, 삼위일체론 논쟁은 치열하게 전개되었다.

셋째, 사도들은 예수의 하나님 되심을 성령론[69]적으로 이해했다. 그들은 성령의 나타남을 예수의 하나님 되심에 대한 결정적 증거로 삼았다. 이러한 이유들로 인해 사도 시대에는 삼위일체론 논쟁이 일어나지 않았다. 따라서 사도 전통으로 삼위일체론을 재구성하면서 그 본질적 의미를 탐구하는 작업은 결코 소홀히 할 수 없는 가치가 있다.

---

69 성령론(Pneumatology)은 삼위일체 하나님 중 제삼위이신 성령의 신격과 사역을 다루는 교리이다. 성령은 인격적 하나님으로서 성부와 성자와 본질상 동등하시며, 구속사적 사역에 있어 고유한 역할을 가지신다. 성령은 회개를 일으키고, 중생을 가능케 하며, 성화를 이루시는 분이다. 또한 교회를 형성하고, 신자에게 은사와 열매를 주셔서 공동체를 세우고 변화시키신다. 오순절 성령 강림 이후, 성령은 지금도 교회와 신자 안에 임재하시며, 진리로 인도하고, 하나님의 뜻을 조명하며, 복음 사역에 능력을 공급하신다. 그러므로 성령론은 구원론, 교회론, 선교론 전반에 걸쳐 핵심적인 신학 주제라 할 수 있다. - 편집자 주

1) 예수의 하나님 되심에 대한 히브리적 응답: 구원론을 중심으로

사도들의 핵심적 사고는 히브리적이었다. 그 사고 방식의 핵심은 '왜-무엇(Why-What)'이며, '왜 하나님이 인간이 되셔야 했는가?'라는 질문에 집중하고 있었다. 이 질문에 대해 '인간의 구원을 위한 하나님의 사랑'이라는 사도들의 설명은 매우 적절한 응답이었다. 이러한 응답은 삼위일체론 논쟁으로 비화하지 않고, 하나님이 인간이 되셨음을 자연스럽게 받아들이게 하였다.

따라서 사도들은 성부 하나님, 성자 하나님, 성령 하나님을 히브리적 사고 안에서 이해했으며, 세 위격의 존재 양식에 대해 굳이 체계적으로 사유하지 않았을 가능성이 크다. 이러한 사실은 오늘날 삼위일체론을 사도 전통으로 재구성하는 데 있어, 히브리적 사고의 회복이 가장 중요한 요소임을 알려 준다. 부연하면, 히브리적 사고 안에서 헬라적 사고를 차용하여 삼위일체론을 전개할 때, 그 논쟁점은 상당히 희석될 수 있다. 존재 양식의 설명보다도 '왜 인간이 되셔야 했는가?'라는 물음과 그 응답이 삼위일체론의 중심이 될 때, 사도 전통의 정신을 따르는 재구성이 가능해질 것이다. 이러한 증거는 요한의 로고스 기독론에서 찾아볼 수 있다.

2) 예수의 하나님 되심에 대한 헬라적 응답: 로고스 기독론(Logos Christology)을 중심으로

성자가 성부와 동일 본질을 가진 하나님이라는 사실

이 헬라적 사고와 만나게 되었을 때, 성자의 존재에 대한 설명이 요청되었다. 이러한 시대적 요청에 따라 사도 요한은 성자에 대해 헬라적 사고인 로고스 기독론으로 응답하였다. 요한의 로고스 기독론은 헬라 철학의 개념을 차용한 것이지만 동시에 히브리적 사고에서 완전히 벗어나지는 않았다. 그 이유는 히브리적 사고를 부연 설명하는 방식으로 헬라적 사고를 도입하였기 때문이다. 사도 요한은 다음과 같이 증언하였다.

> 태초에 말씀이 계시니라 이 말씀이 하나님과 함께 계셨으니 이 말씀은 곧 하나님이시니라 (요 1:1)

> 말씀이 육신이 되어 우리 가운데 거하시매 우리가 그의 영광을 보니 아버지의 독생자의 영광이요 은혜와 진리가 충만하더라 (요 1:14)

요한의 증언 방식은 성자가 하나님이라는 진리에 대한 존재론적 접근이다. 후대 삼위일체론의 관점에서 해석하면, 이는 아버지와 아들이 동일 존재이며 동일 본질임을 주장한 것이라 할 수 있다. 또한 위격의 구별이 뚜렷하게 드러나며, 예수를 하나님으로 고백해야 하는 이유를 설명하고 있다.

그러나 요한의 증언은 삼위일체론을 전개하는 하나의 도구일 뿐, 그것을 완전하게 증명하지는 않는다. 그럼에도 요한의 접근은 중요한데, 삼위일체론을 전개함에 있어 헬라적 사고를 접목하되, 중심에는 히브리적 사고가 있어야 함을 보여 주기 때문이다. 교부 시대에 들어서면서 히브리적 사고의 '왜-무엇'보다 헬라적 사고의 '어떻게-무엇'이 중심에 서게 되었고, 삼위일체 논쟁은 점차 신비로 남게 되었다.

이는 교부들의 삼위일체론에 오류가 있다는 말이 아니다. 다만, 그 의미의 명확성이 전 시대를 관통하지 못했다는 점을 지적하는 것이다. 그러므로 현대의 삼위일체론은 다시 사도 전통으로 재구성되어야 한다. '하나님이 왜 인간이 되셔야 했는가?'라는 물음을 중심에 두고, 요한처럼 다양한 철학적 방식들을 수용할 수 있어야 한다. 그렇게 될 때, 삼위일체론은 그 모호성을 극복하고 복음을 보다 명쾌하게 전달할 수 있는 도구가 될 것이다.

3) 예수의 하나님 되심에 대한 성령론적 응답: 하나님의 임재를 중심으로

삼위일체론 논쟁은 헬라인들이 성자를 하나님으로 인식하기 시작하면서 본격화되었지만, 그 이면에는 항상 성령의 사역이 자리 잡고 있었다. 그러므로 삼위일체론은 성령의 사역에 대한 헬라적 응답이라고 해도 과언이 아닐 것이다. 바울은 이렇게 증언한다.

> 그러므로 내가 너희에게 알리노니 하나님의 영으로 말하는 자는 누구든지 예수를 저주할 자라 하지 아니하고 또 성령으로 아니하고는 누구든지 예수를 주시라 할 수 없느니라 (고전 12:3)

이 증언은 성령의 사역으로 인해 성자를 하나님으로 인식하게 되었음을 보여 준다. 이는 동시에 성령 또한 하나님이심을 증언하는 이중적 효과를 지닌다. 사도 전통에 따르면, 성자를 믿을 때 나타나는 현상 중 하나가 성령의 임재와 다양한 은사였다. 누가는 다음과 같이 증언한다.

> 또 마음을 아시는 하나님이 우리에게와 같이 그들에게도 성령을 주어 증언하시고 (행 15:8)

이방인들을 구원하시려는 하나님의 계획은 성령의 임재로 확증되었다. 성령의 임재는 성부의 임재와 함께하며, 언제나 성자에 대한 신앙고백이 동반된다. 그러므로 사도 전통은 성령의 사역을 중심으로 성부, 성자, 성령 세 위격의 본질적 일치를 유지한다. 이것은 모든 이론을 초월하는 중요한 표지(sign)다. 따라서 현대의 삼위일체론도 단지 이론적 개념 안에 머물러 있어서는 그 본질적 의미를 되살릴 수 없다. 사역의 현장에서 성령의 임재와 함께 고백되어야 한다. 그렇게 될 때, 삼위일체론은 인간을 구원하려는 하나님의 위대한 임재 방식으로 인식될 수 있을 것이다.

4. 맺음말

기독교 역사상 삼위일체론만큼 큰 반향을 불러일으킨 교리는 없다. 그 어떤 교리보다 치열하게 논쟁되었으며, 오늘날에도 여전히 가장 큰 신비로 남아 있다. 그러나 사도 전통에서는 '삼위일체론'이라는 용어 자체가 존재하지 않았으며, 특별한 논쟁거리도 아니었다. 물론 사도 시대는 교리가 점진적으로 발전하며 완전한 체계를 갖추기 이전의 시기였다.

사도 전통으로 재구성된 삼위일체론은 하나의 질문에 집중한다. 그것은 바로 '왜 하나님이 인간이 되셨는가?'이다. 이 질문은 히브리적 사고를 중심으로 하며, 인간을 구원하시려는 하나님의 사랑에 초점을 맞춘다. 그러므로 하나님의 존재 방식에 집중한 교부들의 삼위일체론은 사도 전통을 충분히 담지하지 못하고 있다.

사도 전통으로 재구성한 삼위일체론은, 첫째, 예수의 하나님 되심에 대한 히브리적 응답으로서 구원론 중심으로 전개되었고, 둘째, 예수의 하나님 되심에 대한 헬라적 응답으로서 로고스 기독론 중심으로 전개되었으며, 셋째, 예수의 하나님 되심에 대한 성령론적 응답으로서 하나님의 임재 중심으로 전개되었다. 그 결과, 사도 전통은 삼위일체론이라는 이론적 논쟁에 휩싸이지 않았으며, 오히려 복음의 확장을 효과적으로 수행할 수 있었다. 이것이 현대 교회가 삼위일체론을 사도 전통으로 재구성해야 하는 근원적 이유며, 이론적 교리의 한계를 넘어 복음을 효과적으로 확장할 수 있는 중요한 전환점이 될 수 있다고 확신하는 이유다.